藤原帰一

JN053087

「正しい戦争」は本当にあるのか

講談社+α《プラスアルファ》新書

まえがき

『「正しい戦争」は本当にあるのか』旧版が刊行されたのは、米ソ冷戦が終わって十数年が過ぎた二〇〇三年、中国やロシアも含む世界各国は軍事力も経済力も圧倒的なアメリカに従うことが当たり前のように考えられた時代だった。民主主義と資本主義という二つの制度の頂点に立った欧米諸国が自由世界の下の安定を保つという、ずいぶん大袈裟《おおげさ》で誇張された秩序観念が現実そのものだと信じられる、そんな時代だった。

そのなかで二〇〇一年九月十一日に同時多発テロ事件が起こり、「対テロ戦争」という名前のもとでアフガニスタン、次いでイラクへの侵略が展開した。私には、アフガニスタン介入もイラク介入も要らない戦争であるように思われた。国際政治において戦争が必要になる場面がないとはいえないが、必要性のない戦争は戦争犯罪そのものであり、ただ犠牲を招くだけだ。それでは、どの戦争が誤りであり、どの戦争が必要なのか。正しい戦争は本当にあるのだろうか。この問いに答えることが本書の目的だった。

それから二十年が経過し、アメリカを中心とする欧米諸国の優位の下で民主主義と資本主義が拡大する世界というイメージは大きく後退した。当初は勝利であるかに見えたアフガニスタンとイラクへの介入は占領統治の破綻によって逆転し、アメリカの望むような親米的で民主的で安定した政治体制の構築には失敗しながら、それでも多国籍軍は撤退を強《し》いられてしまう。アフガニスタンとイラクへの軍事介入は西側優位の軍事秩序を揺るがしてしまったのである。

さらに、同時多発テロ事件の当時は対米協調路線を維持していた中国とロシアが、アメリカへの対抗に反転していった。二〇一〇年以後は米中の軍事的・経済的競合が強まり、ロシアはクリミアを併合、さらにシリア内戦に介入する。自由世界の下の安定に代わって大国の軍事的競合と勢力圏の分割という、まさに米ソ冷戦の時代のような権力政治が展開することになったのである。

国内体制を見るなら、欧米諸国の民主政治も自国民の優位を求めるポピュリズムに傾斜し、移民と難民への排除が広がるなか、イギリスでは国民投票によってＥＵ離脱が決まり、アメリカではトランプ政権が発足した。民主主義は世界を結びつける原則ではなく、他国に犠牲を強いる結果を伴うとしても各国が自国に優位な状況を作り出すショービニズムの基礎になっていった。

ロシアがウクライナを侵略したのは、既に自由世界の下の安定と統合が明らかに幻想となった二〇二二年のことだった。国際政治の歴史から見れば、ナチス・ドイツのポーランド侵攻に匹敵する、個別的自衛権の行使として認める余地の存在しない明白な侵略であり、侵略に対するウクライナ側の抵抗はまさに「正しい戦争」そのものであるといってよい。そしてどれほど「正しい戦争」であるとしても、それがNATO諸国とロシアとの全面的な対立にまで発展するなら、大量破壊兵器使用の可能性も含む世界戦争にエスカレートする危険がある。そこに見られるのは、国際人道法に反する侵略を阻みつつ世界戦争を回避するという極度に困難な課題である。

では、戦争がない状態としての平和をどのようにつくり、支えるのか。軍隊があるからいけないのだ、軍事力と武器を一掃すれば平和が訪れるという絶対的平和主義の立場が一方にある。その対極には、軍事力で脅せば相手は攻撃しない、平和をつくるのは抑止戦略だという立場があるだろう。だが、侵略を前にした平和主義は役に立たず、抑止に頼っても抑止が破綻する可能性は無視できない。平和への過信も軍事力への過信も平和の構築の役に立たないとすれば、どのような選択があるのだろうか。二十年前よりも状況が厳しいからこそ、改めて考えていただきたいと願っている。

二〇二二年四月

藤原帰一

二〇二二年二月、ロシア軍がウクライナ全土に侵攻し、ウクライナ軍との間で大規模な戦争に発展しました。本書は二〇〇三年の米軍によるイラク侵攻後に刊行された作品を新書版として復刊するもので、文中の時制は当時のままですが、語られている内容はいまこそ読まれるべき切迫した論点、重要な指摘に満ちています。聞き手は総合誌『ＳＩＧＨＴ』の渋谷陽一編集長と、同誌副編集長の鈴木あかねさん（当時）です。

（編集部）

「正しい戦争」は本当にあるのか●目次

第2章　日本は核を持てば本当に安全になるのか

第3章　デモクラシーは押しつけができるのか

第4章 冷戦はどうやって終わったのか

第6章　アジアの冷戦を終わらせるには

第1章 「正しい戦争」は本当にあるのか

正戦論の起源

——いま、実感として世界で戦争が増えてってますよね。九・一一テロ事件の前までは、日本の世論では戦争って、自分たちとは関係がない時代遅れの代物、というような感覚で受けとめられてたと思うんですよ。ところがアフガニスタンやイラクでの戦争、それから北朝鮮問題などが出てきたら、国内の雰囲気もじわじわと、でも確実に、変わっちゃいましたよね。それこそイラク派兵というような、いままでの絶対的なタブー、自衛隊を中東まで派遣するっていう法律まで作った。そこで、もう一度戦争ってなんなんだ、っていうことを考えてみたいんです。戦争には正しい戦争があるんだ、その戦争に加担するのは正しいことだ、っていう理屈があって、それにみんな引きずられているわけですよね。じゃあ、なんなんだ正しい戦争って、本当にそんなものあるのかよ、っていうお話をうかがいたいんですけれども。

藤原　はい。

——よく引き合いに出されるのがナチスですよね。ナチスを止めるために先制攻撃をしなくてよかったのか。本当に悪いやつがいた場合、それに対して正義の味方が戦う戦争というのはアリなのかどうなのか、そこをお話しいただきたいんですが。

藤原　そう、ちょっと前だったら、戦争はいけないって議論と、でも戦争は現実だ、避けられないんじゃないかって議論が向かい合ってたって思うんです。この話はどこかを攻めるかどうかじゃなくて、相手から身を守ること、攻められないように武器で守り、攻められたときに武器を取ることが問題になってます。でもいま議論されてるのは、戦争しなくちゃいけない、戦争するのが正しいって議論なんです。そんな勝手なこと許されていいのかと思う人も多いでしょう。だからといってすぐキレちゃうんじゃなくて、ここのところをひとつ、ていねいに考えてみたいと思います。

戦争のとらえ方は、大きくまとめると三つぐらい、考えられるんです。

ひとつは悪いやつが戦争を起こすんだ、戦争を起こそうとするような政府は取り除かなければ、そうでないと平和は訪れないっていう考え方ですね。武器が悪いんじゃなくて、武器を使うやつが悪者だから、それがダメなんだ、っていう。悪いやつを倒す正義の戦争ってわけです。ナチの話っていうのはまさにそれで、ナチを取り除くから平和になるんだっていう理屈です。〈ミュンヘンの教訓〉（＊1）という言葉があります。イギリスのチェンバレン首相はナチとミュンヘンで交渉するわけですが、この宥和《ゆうわ》政策は間違いだった、ナチなんかを前にするときは交渉じゃなくて、武器を手に取るべきだったたっていう教訓です。ナチみたいな悪いやつはモトから断たなくちゃダメっていう議論ですね。これは非常にわかりやすい。ここでは戦争と正義の問題がつながってますよね。

──はい。

国際政治の〈リアリズム〉

藤原　ふたつめの見方ってのはこれと違って、戦争と、正義とか邪悪とかいった価値観を切り離す見方です。戦争というのはあくまでも力関係の話であって、どっちがいいとかどっちが悪いとかいうことではない。自分のために、お互いにみんな切った張ったをするのが戦争だっていう考え方です。国際政治学でいう〈リアリズム／現実主義〉(＊2)ってのはこっちなんです。どっちの政府が悪いかっていう価値判断じゃなくて、政府というのはどれも悪い。どの政府も自分たちの欲望や利益を最大にしようとして行動している。そういった政府がそれぞれさらなる権力を求めて、お互いに脅し合ってる状態が国際関係なんだっていうふうに見るんですね。この場合、戦争にはいいも悪いもない。戦争は国家の政策のひとつ、それだけのことです。

この〈リアリズム〉の方が、国際政治では基本的な考え方になります。世界政府なんてないんだから、それぞれの国家は自分で自分を守るほかはない。そして、各国が脅し合って、均衡状態が生まれたときが平和だっていうふうに考えるんです。これを力の均衡とか勢力均衡とか言います。いまでも、どことの力のバランスとかなんだとか聞いたようなこと言うじゃないですか。国際政治は国と国の脅し合いだ、正義もへったくれもあるもんかっていう、これがふたつめの戦争のイメージです。この場合、正義のために相手の政府を取り除いちゃうって方法は、かえって国際関係を不安定にするので、望ましくない。〈リアリズム〉は現状維持が第一の考え方ですから、そこにある政府を倒すようなやり方はやりすぎってことになる。相手が正しかろうとなんだろうと、攻められないように脅しておけばいい、それが平和だってわけです。

そして三つめのイメージは、〈武器よさらば〉ですね。武器がある限り、戦争は起こってしまうから、武力の保持そのものを禁止していこうっていう、日本でいえば憲法九条によるイメージです。悪い政府があってどうこうじゃなくて、武器そのものが悪いんだっていうわけです。たとえば広島への原爆投下についてだと、アメリカが落としやがって仕返ししてやるぞっていう反応が生まれても不思議はない。でも、広島の教訓って、そうじゃないですよね。核兵器の応酬みたいな戦争になったらみんな死んじゃうじゃないか。武力そのものをなくさない限り、平和は訪れない、ということになる。大規模な破壊を避けるためにはそんな兵器をなくそう、そして国家の間の不信を取り除くためにも兵器そのものをなくしていこうって考えです。悪い国家があるんじゃなくて、戦争が悪なんだってわけですから、正しい戦争はあり得ない。絶対反戦という立場ですね。ヨーロッパではとくに第一次世界大戦のあとから、また日本では第二次大戦のあとから広がりました。

〈正義の戦争〉による世界分裂

で、戦争の歴史からいいますとね、一番古い形は正義を掲げて戦争を戦う方、宗教戦争なんですよ。宗教戦争は自分たちの正義を掲げて、邪悪な相手と戦うから、妥協しない。相手が根本的に考えを変えるか、みんな死んじゃうまで戦い続けます。正義のための戦争は、欲得ずくの戦争よりももっと、苛酷で悲惨なものになります。

そして、宗教と戦争が結びついてしまったことで、戦争がどうしようもなく悲惨なものになったから、いまのように倫理と戦争を切り離すっていう考え方が始まったんですよ。三十年戦争（＊3）のあとのウェストファリアの平和がそれです。ただひとつのキリスト教を信じるローマ皇帝のもとのヨーロッパなんていうフィクションは、キリスト教世界の分裂のために壊れてしまう。とくにハプスブルク帝国の皇帝が神聖ローマの皇帝を兼ねたことから、カトリックを信仰する神聖ローマ皇帝に対して、新教徒の反対が起こってくる。おかげで君主は君主と戦い、領主は主君に謀反を起こし、傭兵は主君に逆らい、お百姓さんは一揆を起こすって具合で、ヨーロッパが大戦乱になります。それに戦争が起こると人口流動が増えるんですが、そうすると病気が蔓延して、ますます人死にが増える。何十年も戦争は続くし、一揆は起こるし、ようするに世界が終わりになっちゃった。それで世界を終わらせるよりは、戦争をしたがるっていう欲望というのをみんなで認めちゃいましょう、と。キリスト教による世界統一なんて無理だからやめよう。世界は戦争で群雄割拠してる、そういうもんなんだ、これを認めちゃいましょうっていうのがヨーロッパの国際政治の始まりだったんです。宗教戦争の時代から力の均衡の時代にシフトしたわけです。

――なるほど。それでいまの時代になったわけですか。

藤原　そう、広い意味でいう近代の始まりです。戦争と正義を切り離して、政策の道具として戦争を認めようってわけです。でも、やっぱり戦争は大変な暴力ですから、王様みたいに自分は死なない人はいいけど、ふつうの人にとって戦争っていうのは自分が死ぬ、死にかねないってことなわけで、冗談じゃないっていうことになります。そこで戦争を否定する発想法ってのが、宗教とまた別のところからいくつか出てきます。

戦争を否定する論理

おおまかに分けると、戦争を否定するロジックにはふたつあります。ああ、戦争がない世界に向かっていくロジックと言った方がいいかな。

ひとつは経済統合が戦争を防ぐ妙薬っていう考え方です。経済的な取り引きが広がって市場が広がっていきますよね。戦争っていうのはその取り引きを遮断するわけですから、経済的には損なんです。だから経済の相互依存が広がると、戦争は割に合わないっていう考え方が出てきます。アダム・スミス（＊4）がその典型で、そのあとの十九世紀初めのイギリスの経済自由主義、マンチェスター学派（＊5）とか言われますけど、この人たちもやっぱり取り引き第一という考え方ですよね。だんだん経済の取り引きが広がっていったら、戦争なんて損なことはしない世界になっていくだろうっていう、これがひとつ。

もうひとつが広い意味でのデモクラシーにつながる話です。王様ってのは自分が死なないから戦争するんだ、と。自分が死ぬ立場に置かれた人間は戦争なんか選ばない。そこから、市民が市民に責任を負う政府ができたら戦争にはならないはずだ、という自由主義の議論になっていくんです。一番有名なのはカント（＊6）の『永遠平和のために』。いかにも岩波文庫で出てそうな本で、実際に岩波文庫から出てますが（笑）。これは市民っていう、自分が死ぬ立場にあり、戦争の費用を税金って形で取られちゃう側が政権を作ったら、戦争を抑制できるだろうという考えです。こうして、戦争は政策の道具だよという考えに対抗するものとして、経済の拡大による戦争の陳腐化と、市民の政府による戦争の制限っていう、ふたつの非戦の論理が生まれることになります。

〈正義の戦争〉は美辞麗句にすぎない

で、出口のことからいうと、戦争が政府の自明な手段だっていう時代はだんだん過去のものになる。大国の間の戦争は経済的に引き合わないものになっていくし、デモクラシーが広まることで市民が賛成しない戦争はできなくなっていく。ヨーロッパを中心として、ジュネーヴ議定書から国連憲章にいたるまで、戦争を違法化する法律や制度がだんだんできていきます。

――戦争を法で規制するようになっていった。

藤原　そう、これはこれでいいでしょう。ただ、ここで別の問題が生まれてくる。もし戦争が政府の権利じゃなくなると、その違法な戦争を行うものに対して、われわれはどう取り組むのかっていう問題が出てきます。世界平和を脅かす、そんな存在は認められない。制裁を加え、排除すべきだってことになるでしょう。まさに戦争を否定することで、その否定すべき戦争を起こした側に対する制裁が正義になるわけです。変な話ですけど、戦争の違法化（＊7）、戦争の制限は、実は正戦論と裏表の関係に立ってるんです。

　それがアメリカの問題になります。そしてアメリカにしぼって言いますとね、アメリカはもともと戦争についてヨーロッパのような観念から出発してない国なんです。もともと王様の恣意《しい》的な支配から逃れた人たちが集まって作った国ですから、王様の特権とされてきた軍隊とか戦争とかいったものには否定的なんです。戦争についても、これは王様が自分の利益のために人の命や財産を犠牲にするもんだっていう認識が出発点です。戦争も軍隊も否定するところからアメリカは始まる。これはこれでいいんですが、ということは逆にいえば、王様じゃない自分たちの社会を作ったときには、〈俺たち〉を自衛しなきゃいけないんですね。だから自衛戦争っていうのは権利じゃなくて義務って考えるんです。正しいわけ。絶対しなくちゃいけない。

――はい。

藤原　つまりヨーロッパの伝統的な世界観から離れて、戦争を違法化する、でもその違法化が自衛戦争の正当化と裏表の関係になってるんです。このあとでもアメリカのなかでの戦争観っていうのはいったりきたりするわけで、たとえば南北戦争っていうのは十九世紀最大の戦争ですが、あれで痛い目にあった人は「やっぱり戦争はいかん」って考えるわけです。でも他方では、アメリカを守るための戦争といったものは大事なんで、アラモの砦の戦い（＊8）とか、引いたところから見るとメキシコの方が正しかった気がしないでもないんですが、アメリカ人から見ればアメリカ人がメキシコ人に囲まれてやっつけられた事件です。そんなこと許せないってわけで、結果的にはメキシコからテキサスをもぎ取るわけですよね。どう考えても侵略・併合なんだけれども、アメリカ人から見ればアメリカ人の生命財産を守るための戦争だったということになる。戦争を違法化する自由主義が戦争の正当化とセットになってしまう。

それでも第一次大戦までは、アメリカの自衛だけの問題だった。ヨーロッパの国際関係には関わろうとしなかったわけです。ところが第一次大戦に参戦する過程で、〈勝利なき平和〉という目標をウィルソン大統領（＊9）が宣言した。戦争を当然のものとするヨーロッパに代わって、不戦の世界を作る戦争が第一次大戦だ、勝った負けたじゃなくて、戦争を終わらせることが大事なんだ。まさに戦争の違法化ですが、これを世界に広げようというわけです。そしてこれと並ぶ目標が〈デモクラシーにとって平和な世界を作る〉っていうものです。世界平和を脅かす存在は許さない。第一次大戦が、デモクラシーを守る戦争とされたわけです。戦争の違法化と正しい戦争という組み合わせがアメリカの自衛という目標とアメリカ固有の原理から拡大して、世界秩序を作る原理原則の問題にまで広がってしまったんですね。

「ナチの再来だ!」と叫ぶ偽善性

ナチの問題っていうのはこの延長線上にある問題なんですよ。ナチっていうのはわれわれの生命財産を脅かすような戦争を起こす、まさに違法な主体なわけです。こんな、法律を堂々と破るような主体に対しては、あえて戦争をしなくちゃいけない。そうしなければわれわれに平和はあり得ない。それをモトから断たなくちゃダメっていうことで。

でも、これはただの理屈です。すべての侵略に立ち向かい、好戦的な国家を排除することはむずかしい。だって、好戦的な国家っていうのも、世界にけっこう、数が多いですからね。朝鮮戦争のとき、北朝鮮はやっぱり侵略したんですよ。西イリアンを、ついで東ティモールを併合したときのインドネシアも明らかに侵略者（＊10）でした。侵略戦争っていうのは現実にたくさんあるんです。

ところが、政府が戦争できないように脅すだけならともかく、悪い政府は潰してしまうということになると、とてつもなくお金がかかるし、人死にも出る。悪い政府を追放する平和は、一見するとわかりやすく、正しくも見えるんですが、現実にはとても実現できない。侵略をしたやつはことごとく戦争責任を追及すべきだ、と言えるほど、世界中が戦争をなくすことに本当は熱心なわけじゃないんですよね。こうして、〈正しい戦争〉と〈正しい平和〉の追求は、結局どこかの国が倒すことに決めた敵は倒されるっていう、すごく恣意的な判断に傾きかねない。倒される独裁者と倒されない独裁者、ほっておかれる戦争と介入する戦争の間にとんでもない不公平とギャップが生まれてしまいます。

――新聞やテレビで報道されない侵略なんて、世界中にたくさんあるってことですよね。

藤原　そうです。知らないですませてる紛争、見えないことにしちゃってる紛争の数は多いんです。だから、そんななかで、ときどきどれかを引っ張ってきて、これはナチスの再来だ！　なんて叫んだって、偽善にしか聞こえないでしょう。この戦争に反対したいからっていう、それだけのことを〈正戦〉っていう美辞麗句で包んだだけのことになっちゃう。

――そうすると、もうアメリカにとって、正戦が伝統になってるみたいな感じなんですか。

藤原　えっと、それはそうでもありません。まず、冷戦のもとでは、軍事介入をすると米ソ戦争や米中戦争にエスカレートする危険があった。いくら正義の戦争でも、核戦争で破滅する覚悟を持ってソ連と対決することはできないわけです。冷戦期の安定を支えたのは結局のところ力関係でしたから、正義の戦争とか正義の平和とかいう余地はあまりなかった。

ところが冷戦が終わったおかげで、条件が変わっちゃったんです。冷戦が終わるっていうのは、米ソの力関係で支配された時代が終わるっていうことですから、力が集中するっていうことは警察のように世界各地に介入できるということですよ、やろうと思えば。力関係の抑えがなくなりますから、介入すべきかすべきじゃないかっていう判断も力関係に縛られずに、道義的な、倫理的な、理念的な判断で選べるようになったんですね。その意味で、正戦という議論はむかしからあるけれど、それが現実の課題になるのは、もうきわめて現代的な現象なんです。

そこで出てくる現代版の正戦論っていうのは、すごくニヒルな話になってしまう。一方では暴力を不法に駆使する政府ができたら、それに対して外から介入できるようになった。大変けっこうなことだ、って言うこともできる。だけど本当は誰もそんな介入をする気はない。となってくると、結局、戦争をやりたいときに、この国は倒さなければならない悪い国だ、っていうレッテルを貼るだけになる。

——ということはぐるっとまわって一番最初の宗教戦争の時代に——。

藤原 戻っちゃったわけです（笑）。一体、人間は四百年前より本当に賢くなったのだろうかっていう思いに襲われるような変化ですね。

ぼくは〈絶対平和論者〉ではない

——そうすると第一の戦争観である正戦、そして第二の戦争観、しょせんパワーバランスなんだからお互いって、そこをぐるぐるまわっているわけですよね。でも、まだ第三の道が残ってるわけじゃないですか。ようするに戦争はダメよ、武力を放棄しなさいよ、という憲法第九条のような世界観が。まあ、非常に多くの人が理想論だと言い、確かにまだ実践されたことはないし、そこに世界が向かったこともないし、ヴィジョンとエネルギーとパワーを持って実践しようとする国がないから仕方がないのかもしれないですけれども。いまみたいに歴史を冷静に見てくると、こんなの続けてもダメじゃん、第三のいわゆる反戦・非戦的なものにかけるしかないんじゃないかって気がすごくしてきて。正義の戦争を肯定する限り、戦争自家中毒に陥らざるを得ない。それを何千年の歴史なのかよくわからないですけれども、結局証明しているような気がしますけれど。

藤原　えーっと、平和論に水をかけるような言い方になりますけど、軍事力の行使の必要な場面が国際関係にあるかないかといえば、残念ながらあるというのがぼくの考えです。ナチス・ドイツの問題もそこにあるわけで、ほっときゃいいとはぼくには言えない。軍事力で対抗するほかに方法のない状況があることは否定できない。その意味でぼくは、絶対平和論者じゃありません。

ただその先が一番の問題なんです。ぼくみたいに国際関係のことを考える商売の人間としてはふたつ欠かせないことがあります。ひとつは兵隊に頼らず、軍事力の行使に頼らないで、状況を打開する方法があるかどうか、できる限りていねいに考えること。これはほとんど職業的な責任だと思っています。正義とかなんとか、大袈裟な言葉はかえって危ない。ぼくら国際政治の学者にとっては、正義なんてとてもじゃないけど簡単に信用できるものじゃありません。暴力を正当化するために誰もが〈正義〉って言ってきたわけですよ。宗教戦争についてちょっと勉強すれば、正義なんて言葉を文字どおり受け取れるわけがない。

ふたつめには、どのような状況のもとで暴力の行使が許されるのか、またその暴力行使がどんな制約の下に置かれるのか、ということです。正戦論は、たとえばローマ時代のキケロ（＊11）とか、あるいはキリスト教世界ならアウグスチヌス（＊12）とか、随分歴史のある議論ですけど、本来は戦争の正当化ではなく、むしろどんな戦争をしちゃいけないか、正しくない戦争を否定する論理だったんです。そこで一番大事なのは、戦争の許される〈状況〉の制限と、戦争で用いる〈方法〉の制限という二重の制限でした。たとえば、自衛の戦争は許されるという議論は、自己防衛以外の戦争はしちゃいけないよという意味ですし、兵隊でもないふつうの人を殺してもいいなんていう正戦論はない。ところが、いまアメリカなどで唱えられてる正戦論はこのふたつの制限がぜんぜんないんです。

――やるだけやりゃあいいんだって。

藤原　そう、相手が悪いからどこまでやったっていいんだっていう話になってる。そうじゃないですよ。

集団安全保障の本来の意味

暴力行使をどう抑制するのかっていうのは結局、機構の問題なんですよね。その暴力行使が法と制度のもとで進められ、その制限のなかに置かれているからこそ認められる。おまわりさんが持つ暴力は、おまわりさんが法に縛られているからこそ許されるわけです。もちろん、国際関係には政府なんかないから、暴力の規制なんて無理だということはできる。しかしそう考えるなら〈リアリズム〉の議論になりますから、正義なんて言葉は出てこない。もし正義を言うのなら、その正義を実現する手段が法と制度に規制されないと相手の悪と区別がつかない。そこで国際機構の役割が出てくるわけです。戦争を違法化するのであれば、各国の独自の軍事行動の権利は制約されざるを得ないですからね。

憲法九条をめぐる議論は、軍隊による防衛がアリかなしか、という点で争われましたけど、いまのところ、暴力の制度的抑制については突き詰めたところを考えてないと思います。だって日本に兵隊・軍隊が存在しなかったことなんてないんだから。実際は米軍とセットにすればずっと兵隊はあったわけなんですよ。その状態を変えるべきだという理念はあったんだけれども、事実としては米軍がいて、自衛隊があって、その事実と理念がすっぱり分かれちゃってましたから、軍隊をどう規制するかという問題が出てこない。そして、憲法ではあっちゃいけないはずの自衛隊を黙認し、自衛隊を認めないはずの憲法を軍を抑える道具に使うという具合にやってきた。理念を掲げているはずなのに、実はいつも現実追随という具合です。それがずっと続いている。ここで抜けているのが、どのような状況ならば誰がどう兵隊を派遣できるのか、逆にいえばどんな場合には派兵が許されないのか、って問題です。そして間をとばしていえば、一国の国益擁護としてだけ軍事行動を議論する限り、この問題には出口がない。各国の決定から切り離さなければこの問題は解決できない。そこで、ひとつの国に対する脅威に対してその国が兵隊を使うという形ではなく、各国が共同で、しかも国際機構による制約の下で紛争に立ち向かうという考え方が出てきます。それが集団安全保障の本来の意味なんです。

逆にいうと、どのような状況で軍事力の行使が認められるのかという判断を各国が単独に自由に行うことができるのなら、正義の戦争なんて単純に戦争を合理化する以上のなにものでもないわけ。アメリカが世界の警察官なんて言うけど、ひとつの国家が恣意的に兵隊を使うのではそれはヤクザであって警察ではない。正義の戦争どころか、ただの戦争、それもルールもなにもない近代以前の戦争への逆戻りになっちゃいます。

反戦のプラグマティックな実現法

――なるほど、軍隊を持つならば、やっていいこととやっちゃいけないことを決めなきゃいけない。しかし、うかがってますと、戦争やめて、軍隊なくしたらいいじゃんって、そんな単純ではないということですね。軍隊じゃダメ、軍隊なくしてもダメ……。

藤原　いや、ホント、複雑なんです。その絡まった糸を解きほぐすようにいきたいわけですけどね、ちょっとさっき出てきた三つの問題への答え、つまり絶対反戦なのか、あるいは正義の戦争なのか、力の均衡なのか、っていうことにもう一回戻ってみます。

そうしますとね、まず、力の均衡という図式だけで平和を保つことができるかどうかはきわめて怪しいことがわかります。力の均衡というのはそのときどきの現状を維持することはできるかもしれないけど、それはもちろん平和を保障するわけじゃない。ないよりはマシっていうものなんです。ほかに選択がないときはバランス／均衡が大事なんだけども、だけどバランスだけが選択だと考えるのは間違い。これでは、平和が保たれるのではなくて、そのときそのときで戦争を先延ばしにするだけです。それにこれじゃあ、軍隊への依存を減らすどころか、むしろ増してしまう。力のバランスで支えられた平和の下では、軍備拡大の競争、軍拡競争が避けられません。そして、軍拡競争自体が国家間の不信を高めてしまうという面もあります。お互いに脅していれば平和だ、というほど簡単じゃないんです。

じゃあ次に、絶対反戦が目的、武器をなくすことが目的だとしましょう。これは目的としては大事なんですけれども、それを実現するためには武器に頼らないで緊張が下がった状態、緊張緩和が保たれるような状況をまず作んなくちゃいけない。そして、ヨーロッパのように、その状態ができたので、軍隊の規模も削減されている地域はあるんです。でも、いまの問題は、そうじゃないとこをどうするか。東アジアのように、冷戦時代の対立が残っているために、軍隊への需要が高いところ、またアフリカ中部のように戦争が続いていたり、中東みたいにいつ壊れるともしれないカッコつきの平和もある。こういう地域についてどうするかを考えないと、絶対反戦という立場だけでは信用が得られないでしょう。たとえばいま、イスラエルやパレスチナに行って、軍隊なくしなさいと言ってもまともに聞いてもらえないでしょ。

そしていま正義の戦争っていう政策というか、政策の放棄が見られるのは、そんな紛争地域への対応です。安定した均衡状態もなく、また武力放棄を受け入れる勢力もないようなところに対して、先制攻撃を冒してでも悪いやつらを追っ払おう、っていうわけですね。でも、正義の戦争っていう言葉だけでは実はなにも語ったことにならないんですよ。自分たちが暴力を駆使するのか、誰がどう使うのか、っていうことについての〈法の支配〉を考えなくちゃいけない。いまの世界がぐちゃぐちゃになっちゃってるのは、アメリカというひとつの国の軍隊が正義を代行するって事態になってるからですよね。ここで法による支配が実現しているとすればそれはアメリカの法による支配が実現しちゃっているわけで、国際的にはアメリカの法に従ってるということになる——国際司法裁判所の実例をご覧になればわかるように、米国は国際的な法に従いません（＊13）からね。そうなるとアメリカ側から見ると法に従っている正義の戦争でも、外国から見れば無法な支配以外のなにものでもないっていうことになっちゃう。

イラク戦争に無関心な日本人

——まとめますと、アメリカ一国が正戦のロジックを推し進めて宗教戦争状態になってしまったのは、各国の均衡状態がぜんぜん保てなくなってしまったからだっていうことですよね。それに歯止めをかけるにはどうすればいいかっていうと、もうパワーのバランスではなく、理念でどうにか抑え込もうっていうことになるんですけど、ただ、それが現実性のない理想主義だったら、もう空中戦になっちゃって「おまえらなにわけのわかんないこと言ってるんだ」、ボカン、って終わってしまう、と。

藤原　うん。

――だから、最終的に藤原さんがおっしゃるのは、ちょっとリアリズムで考えよう、と。最小の武力によって最大の効果を上げる方法を考えるのがいま一番クレバーではないだろうか、っていう。

藤原　そこですよね。

――ただ、いまアメリカの絶対的な力の支配があるなかで、そこにまたあらたな理性を、たとえば国連でもなんでもいいですけれども、入れようとしても、もはやこの一人だけになってしまったアメリカ、ジャイアンは誰も止められない状況ですよね。だから逆にいえば、変な言い方ですけれども、限界はわかっていながらも、絶対反戦、絶対平和みたいな理念で戦わないともう戦いようもないいんじゃないかみたいなふうに思うんですけども。

藤原　戦争は原理的に悪だっていうことと、それから代償が大きいっていうことがありますね。で、いま、乱暴な形で正義の戦争という言葉を平気で言う人が出てきたり、日本でも国連なんてどうせ役に立たないんだから、アメリカに頼ればいいじゃないの、世界の警察官の役回りをアメリカ以外でやってくれるところあると思う？　なんて議論してますね。この議論の前提にあるのは、自分たちが被害者になる可能性が少ないということですよ。その紛争の展開によって本当に自分たちが被害者になるとすれば、戦争について間違ってもそんなタカをくくった言い方なんかできないわけですよね。じゃあ戦争——結局だから問題はそこに戻ってくるんですけどね——戦争に反対するロジックっていうのは、人殺しはいけないっていうことと並んで、自分たちが、本当に得をするのかどうかわからないというところですね。自分たちが金を払ったり、自分たちが人命で犠牲になったりするかもしれない。

——ようは殺されるかもしれないっていう。

藤原　そうそうそう、そこのところなんですよね。この問題がすごくややこしくなってきたのは、いま起こってるのは、実は日本人が犠牲にならないかもしれない戦争の違法性の問題なんです。自分が死なない限り、戦争の合理性を否定するのは理念的には可能でも、やる気になる人は少ないっていう問題がある。これまでの平和運動は、日本人が犠牲になるからいけないっていう議論でした。世界核戦争の脅威という話ならそれでいいんですが、アフガニスタンやイラクに介入しても日本に住んでる人は死にません。で、自分が死なないと、戦争への関心も薄いんですよ。イラク戦争への反応で一番びっくりしたのは、戦争に賛成するのでも反対するのでもない、ただの無関心が日本で多かったことです。それがいまの一番苦しいところでしょうね。

経済合理性からいって米軍は必要ない

ただ、戦争の引き起こす経済的負担、っていう問題は残ります。たとえば軍事的な合理性からいっても、いまの規模の米軍はほとんど要らない。大変な暴言のようですけど、間違いありません。それは、米軍が冷戦期の緊張を前提として作られ保持された機構だからです。現在の米軍は旧ソ連の兵力を想定して作られている。これは核戦力からさまざまな兵力にいたるまでそうですよね。で、ソ連は解体後もうそんなことはできなくなった。大国を下りちゃったんです。無理なんですよ。だってオランダの半分くらいのＧＮＰしかない（＊14）国であんなバカでかい兵隊を養うことはできない。でソ連が下りちゃうと、次の大国って中国ですけれども、こっちが中国に対して大規模な地上軍とかなんとかを配置する必要なんてまるでない。中国はなによりもアメリカとの戦争を想定して、それを生き延びることを重視してきたんです。中国がアメリカに攻撃できるということではない。地域の軍事大国ではあってもアメリカと対抗できるパワーではないからです。米軍は実は財政的にはごく単純にいって、無駄、重荷以外のなにものでもない。

なにかこう、アメリカ頼みっていえば情けないですけれども、米軍の規模を抑制するうえで一番役に立つのはアメリカ国内の世論なんですね。アメリカってのは外国よりも国内の意見を聞く国ですから。そこで出てくる問題は、米軍の財政負担です。金かかりすぎ。イラク戦争ってのはホントに不必要な、ひどい戦争だったとぼくは思うけど、アメリカ国内には目立った反対がなかった。ところがイラク統治にまだ八七〇億ドル、余計にかかるよってブッシュが言ったら、急に世論が目覚めちゃったでしょ。お金がかかるとわかると、世論はシビアになるんです。

軍需産業は競争力がない

吉本隆明さんを含めて、アメリカは軍事経済に依存してるんだから、そこから脱却できないっていう議論（＊15）がむかしありましたけど、ぼくは必ずしもそうは思いません。むしろ軍事に頼る経済は、政府の注文に頼る経済なので、競争にさらされてない、弱いんです。軍需産業っていうのは、なんていうか、日本のゼネコンに相当する部門なんです。政府の注文に頼っている、競争力のない役立たず。お父さんのブッシュ大統領も、クリントン大統領も、ここを切らないと経済再生ができないと考えた。当時はまだ統合参謀本部の議長だったコリン・パウエルが新しい軍の配備を議会に持ってきても「そんなにいらない」ってどんどん切られていっちゃう。アメリカ国内の基地を保つためにはフィリピンの基地が保てない（＊16）っていうふうにどんどんどんどん切られちゃう。どこまで軍の規模が必要なのかってすごく曖昧なんです。カネという動機のために兵隊の規模っていうのをシニカルに見てくると、ほんっとにいらないんですよ。そういうふうにずっと下げていく方向、経済的な動機から下げていく方向ってひとつあります。

で、ふたつめの動機は自分の犠牲ですね。これは日本の平和論でもいえることですけど、自分の犠牲者のことばっかり喋ってるでしょう。日本だけじゃない。アメリカもそうなんです。自国の犠牲者が増えたときに、戦争への反発が高まる。その意味ではやっぱりベトナム戦争っていうのは大きな事件だったわけで、米兵の死があってこそ戦争を疑う声が生まれた。そのあとはアメリカ人が死なないように戦争を戦ってきた。今度初めてミスをしたと思います。っていうのはイラクからさっさと撤収しなかったから。アメリカにとっていちばん得な方法は、イラクの占領はアメリカのすることではない、日本やドイツがすればいいんだっていうふうに全部投げて、卑怯でもなんでも逃げちゃうことです。一番つらい政治再建をほかの国に丸投げするわけ。だけど逃げなかったんで、アメリカ人が死んでますね。こうなってくると、米軍の役割に対する疑いが生まれやすくなるわけです。このように、経済的な負担と人命。このふたつの動機から、国内から批判が出ると思います。
アメリカ国内の要因って外国の批判よりも影響大きいんですよ。だからぼくはそれほど悲観してないです。いまの規模の米軍を正義でもなんでもいいですけどね、国内世論を説得して保持するっていうのはそう簡単なことじゃないですよ。そして、あれだけ大騒ぎして対テロ戦争って言いながら、テロ対策の方がなにもできてない。国内治安のために、ホームランド・セキュリティ……本土防衛ですよね、役所まで作りながら（＊17）、予算も人もろくに割いていない。結局対テロ戦争と言いながら、テロ対策の方に予算も人も割かずに、戦う必要がまるでない戦争の方に人間と予算を割いているというのがアメリカの現状ですね。これは、当然のことながら議会と世論に叩かれることになるでしょう。こんな政策は、まあ、支えられないだろうと思います。だからそこまでぼくは悲観してないです。

ラヴ&ピースだけじゃダメなんだ

――じゃあ、もう一遍正しい戦争というのを整理しますと、まず歴史的に見て正しい戦争は一回もなかった、過去存在しなかった、という事実があると。だけど戦争がなくなるかっていうとそんなことはない。人間が戦うという悲しい属性はなくならないから、世界はそれなりに均衡をもって、それぞれ兵力を持ちながら、戦争という現実に向き合いながら戦争しないようにするっていう、そういうやり方。これがそのヨーロッパ的な、藤原さんがおっしゃった近代的な国際政治のやり方であったと。

藤原　そうですね。

――で、実はそれが冷戦崩壊後、その近代も終わっちゃってなんか現代的な有り様になって、アメリカの非常に突出した軍事力によって、非常に奇妙な形の戦争がいろんなところで勃発するという状況が生まれていると。でも戦争をなくす、あるいは戦争を人間の有り様としてどうやって位置づけるのかっていうと、ぼくらなんかは非常におめでたく「ロックだ！ラヴ&ピースだ！」みたいな。人間、戦争やってもろくなことないし、ひたすら反戦、非戦でいきましょうっていう原始的で幼稚園児みたいな発想があるんだけども――。

藤原　そんなに卑下することはないと思いますけれども（笑）。

――まあ、そういう発想が一方でありますよね。ただ藤原さんの立場からすると「まあまあ、落ち着いて」と。国際政治の現実を考えるとそれだけでは現実を収束できませんよ。最小の武力と最大の知性をもって戦争という行為をどう抑圧し、解体していくかを考えようと。そこで武力というファクターは残念ながらどうしてもなくせない。最終的になくす方向は考えるんだけれどもっていう。

藤原　最後になくなったらいいな、ってのはそれでいい。ポイントは、そこまでゆくプロセスなんですよ。反戦という目標に向かって戦争の可能性を下げる。軍隊に頼らないとアブナいって、みんなが考える状態をひとつひとつ変えることで、軍隊への依存を減らすわけです。軍事力にそこまで頼る必要もない状態をどう作るか。国内で法の下の支配と言ってもいろんなところがあるわけで、警察がどこまでむき出しの暴力を国内社会で行使するかっていうのには、いろいろ違いがありますでしょう。警察が装甲車を持ってる国ってたくさんありますけど、そこまでどぎつい形じゃない警察もいくらでもある。それで十分治安が保たれてる国ってありますね。政治社会を保つうえで、強制力がないかあるかっていうのは原則論の問題で、強制力がないって言えるか、おい、っていう言葉によって無限の暴力を肯定するっていうのはこれは論理の詐欺なんですよ。問題はそこにあるわけじゃない。問題は暴力に対する依存を減らす方向をどう作っていくかっていうことなんですよね。だからプロセスなんです。

カナダとアメリカが戦争しないわけ

――憲法九条を嘲笑する人たちはよく、じゃ丸裸になったら誰か守ってくれるわけ？　って言いますよね。でも、先生がおっしゃるのは、丸裸じゃダメだ、軍隊でガツンとやるしかない、っていうのとはちょっと違いますよね。

藤原　えっと、そういうことじゃないですよね。結局ぼくらにとっての課題というのは、厚着のいらない状況をどうやって作っていくのか、なんです。いま自発的に軍隊なくしたら平和になる、という話じゃないでしょう。でも、軍隊で守れば大丈夫ということにもならない。ポイントは、これまでのように軍隊に頼らなくても安全だと思われるような状態をどうすれば作ることができるのか、っていうところにあります。そんなの無理じゃんってお考えになるかもしれませんが、たとえば冷戦後のヨーロッパをとってみるとね、これを不戦共同体（＊18）って言いますけど、大規模な兵隊を構える必要がない状態がだんだんできあがっています。テロの脅威を含めてそれはいろんな脅威はあるでしょう。だけど、いままでのような軍隊を保つ必要はない。結果として武装の水準は下がってます。

――それは冷戦が終わって敵がいなくなったからですか。

藤原　敵が変わったからです。かつてのソ連や東欧諸国が、同じようなルールを共有できる政府に変わって、軍事的緊張が低下したから。国家と国家の関係だけで見れば、ロシアはロシアで軍隊を持ってるし、ドイツもフランスも軍事大国ですから、〈リアリズム〉の考えでいえば緊張がなくなるはずはない。でも、相手が軍隊使うんじゃないかという恐れは確実に低下しましたから、軍隊の出番も減るわけです。で、これだけだと、軍隊をなくすことよりも、緊張をなくすことが先だっていうことになるんですが、軍隊があることそのものが緊張を押し上げる面もある。そこで、軍縮っていう方法が出てきます。これまでの武装水準をゆっくり切り下げることで緊張を減らす。そして、緊張がなくなることでさらに武装を減らすことができる。軍隊がなくちゃダメだ、という状態を、そうやってゆっくりゆっくり変えていくわけです。

――まず、戦争だ、軍隊を使うしかない！　ってみんなが考えないような状況を作るってことですよね。でもそれで国と国の間でなにか紛争があったらどうするかというと――。

藤原　そりゃ、国際紛争はいつでもあります。でも、それがみんな戦争になるわけでもありませんよね。それどころか、軍事紛争の可能性をほとんど考えなくてもいい国際関係はいくらもあります。

　たとえばカナダとアメリカの関係を考えてみましょう。カナダはアメリカから攻め込まれると考えているわけじゃない。攻められるかどうかっていう問題はカナダにとっては最大の問題ではないんです。この状態だからカナダは兵隊の規模を下げることができる。そしてカナダが攻め込まれる可能性をあまり考える必要ないのは、アメリカがいい国だからなのか、あるいはカナダにたくさん兵隊があるからなのかと言えば、それはそうではない。具体的な危機がそこにないからです。こうしてみますとね、軍隊が必要かどうかっていうのは一般論じゃないんですよ。この問題は、軍事的な兵隊の準備、戦争の準備が必要だとみんなが思っちゃうような危機とか具体的な問題がどれだけあるかによっていくらでも変わってくるんです。それが下がってみれば、冷戦後のヨーロッパに見られるように、もうソ連もロシアになったから必要ないっていうことで、兵隊に頼らなくても現状を保てるよ、っていうことになる。結果的には、ピストル持ったおまわりさんがいなくて、おまわりさんが棍棒だけでもすむようにですね、軍事力に対する依存を減らすことができるわけです。反戦かあるいは戦争か、軍隊を持っていいか悪いかっていうのは、原理の問題であるよりは、むしろ軍に頼らない状況をどう作っていくかっていうことなんです。

——そのとき、軍隊はゼロにするんじゃなくて、とりあえずは残る……。

藤原　それが最終的にゼロになればもちろんけっこうなこと。でも、憲法学者は軍隊があることがダメ、って考えるかもしれないけど、ぼくら、国際政治学者にとってはまず減らすことが第一。そして減らすことのできるような状況、軍隊減らしたらぼくらの生活どうなるんだって世論が反発しないような安定を作るのが第一です。

そこまではいいんだけど、その先の問題があります。ヨーロッパは確かに不戦共同体を実現しようとしています。でもヨーロッパの平和には、戦争をしそうもない人たちが、どうせ戦争なんか起こりそうもないところで、戦争に頼らない世界を運営しているっていうところがあるんですよ。そして戦争があるいは必要かもしれないっていう紛争への対応については、もう全部アメリカに丸投げしているわけ。カナダもそう。で、アメリカ人から見ればね、ヨーロッパは戦争に頼らなくてもいいところでラクをしていて、汚い仕事はみんな俺たちに投げてるじゃないか（＊19）っていうふうになっちゃうんですね。この感覚が正しいかどうかは別ですけど、ヨーロッパの不戦共同体がヨーロッパばかりに目を向けていて、ほかの紛争地域における関与には思いっきり無関心なことも事実でしょう。

地域紛争――牛泥棒事件を解決するには

――そこんところはどうなんですか。ヨーロッパやカナダはもう大丈夫だけど、不戦共同体なんて言ってられないような場所もあって。

藤原　そう、戦争っきゃないってとこ、ありますよね。それは、冷戦が終わったときに、やるべきことをぼくらがしなかったからなんです。冷戦期には米ソが地域介入を繰り返した。その冷戦が終わったあと、それじゃ世界各地の紛争への関わりをどうするのか。この問題が置き去りになったんです。冷戦期はアメリカとソ連がそれぞれ陣地を相手にとられたら困るからってんで、世界各地に介入しますね。介入することがよかったわけではもちろんない。しかし介入することによって、独自に世界各地で紛争を起こすことができないっていうところがあったんです。アフリカ各国は自前の戦争を戦えなくなっちゃった。ソマリアはアメリカの支援なしにエチオピアと戦争できない、そういう状態になった。これは結果的には、地域紛争を大国の戦争にすることで、ある抑制を加えていた面があるのはたぶん事実なんですね。もっとも地域紛争をなくそうとしたわけではないので、これはこれで非常に悲惨なんですけど。

ところが冷戦が終わるときに、アメリカとソ連が退く。退いたあとをどうするのかって、ちゃんと準備すればよかったんですけど、しなかったわけ。ただ見捨てたわけです。その結果アフガニスタンで起こったように、国連が対応できないことがわかっていながら国連の平和維持活動に丸投げした。国連はなにもできず、カブールの政権は壊れた。その壊れた状態で混乱が生まれて、混乱の片付け役としてタリバンが出てくるっていう状況ですよね。もう典型的なスタイルです。

あるいはコンゴ。コンゴのモブツ政権はアメリカの肩入れでなんとかもってきたんですよ。これはひどい政府です。ひどい政府なんですが、アメリカはモブツから手を引く。だってソ連に貴重な天然資源を分捕られる可能性がもうなくなったから。そうするとコンゴの混乱（＊20）はほったらかしになるわけですね。そういったように紛争が野放しに広がって、おそらく、ルワンダの内戦とコンゴの戦争は、死人の数でいうと二十世紀有数の戦争になってると思いますよ。

この紛争には手が打てたと思うんです。だって、この程度の紛争を未然に防止するために必要な兵隊っていうのはイラクの戦争よりはるかに少ないんですよね。なんというかマサカリで人の首を切るような、そういう紛争が相手ですから、近代兵器を装備した兵力で彼らに立ち向かい、戦争をやっても損だよ、っていうことを示すのは無理なことじゃない。だけどやらなかった。アフガニスタンだって国連が手を引かなければ、タリバンの成立を防げたかもしれない。こんなのにはたいしたお金はかからないんだって！　平和を作って、平和を保つってのは、そういうことの積み重ねなんです。

地域紛争への介入っていうと、すぐ自衛隊を送るとかいったきつい話になりますよね。でも、紛争のローカルな現場で必要なのは、その土地の人に信用されることです。たとえばね、牛が一頭いなくなった。もうそれだけで、やつらが泥棒したんだ、やっぱやっつけるしかない、なんてとこまでいっちゃうんです。これだけで本当に内戦が再発しかねない。で、平和活動っていうのは、牛泥棒をきっかけに内戦が勃発しないよう、両方の間に入って話を聞く。こいつ、あいつらに甘いんじゃないかなんて疑ってるおじさんを前にして、そうかそうか、って話を聞く。次にあっちの方に行ってまた話を聞いて、ともかくこの牛泥棒事件は俺が預かった、すぐ手を出したりするなよ、っていうような、そういう作業なんです。ぼくは抽象論が嫌いなんですよ。兵隊送るべきかそうじゃないか、っていう一般論じゃない。牛泥棒のおっさんのところに話を聞きに行く国連の人が、ピストル持っちゃいけないって、それはナンセンスでしょう。だからといってバズーカ砲を持ってけばいいっていう問題でもない。信頼関係なんですよ。

でもね、コンゴとかアフガニスタンとか、そういうとこには大国の関心がない。そんでもって、こういった地域の安定には手をつけなかった。これはもう犯罪的な間違いでしょ。ガリ国連事務総長が国連の平和維持活動を強化しようとしたけど、実現しなかった。冷戦戦略のために米ソが関わってた地域紛争から突っかい棒を外して、外したあとの手当てをしなかった。こういうふうに見ると、すっごくローカルで、貧乏なとこで起こってる紛争のひとつひとつに向かい合うことがいま一番大事だって思うんです。空爆で殺したり、政府を潰したりするんじゃなくて、壊れちゃった政府と壊れた社会の再生のためにがんばること。大戦争よりは牛泥棒事件の仲裁みたいな、すっごく地味で時間のかかることです。

どの国も戦争したい、わけじゃない

――なるほど。いままでの話を整理しますと、平和か戦争かっていう論理の立て方が、まず違うんだ、と。まず平和が大事、それは当たり前だろうと。誰もが平和を選ぶ。しかし戦争が起こらざるを得ない状況というのが世の中にはいっぱいある、と。だからそれをひとつひとつ潰していくっていう現実的なオペレーションが、いわゆる反戦的なことであって。

藤原　そうですね。

――そこで「だって平和だろう」って言うのは、それは当たり前なんだけど、あまり有効ではないというか。

藤原　それだけではね。

――それだけでは有効ではない。むしろわれわれが考えなければいけないのは、それ一個一個のオペレーションをどれだけクレバーにやるかっていうそういうことなわけですよね。

藤原　そうそう。つまり世論が、というかふつうに住んでる人が、自分のところの軍隊はこれほど大きくなくてもいい、ちっちゃくてもいい、なくてもいい、という方向で納得するところにいくかどうかなんですよね。どの国も戦争したくてしょうがない、っていうのはこれはこれで随分現実を誇張しています。たとえば、男はみんなレイプしたがってるというのは現実だろうか。レイプする男は元気なんだ、なんてすごい発言をした自民党の議員がいましたけど、元気ならレイプする、十分抑えを利かせなきゃレイプしちゃうんだ、男は、とか思ってる人っているんでしょうね。でもホントはそうじゃない。ぼくは警察に脅されてるからレイプしないんだ、なんて思わないですよ。レイプは犯罪だ、正しくない、と考えるからしないんです。抑えが利いてなければ誰でも極限的な暴力行動に走るっていう前提は、実はかなり現実離れしていて――。

――っていうかもうまったく間違いですよね。

藤原　誇張なんですよ。ただそのためには、レイプをしないことが正しいんだとか、レイプをしなくても自分は生活が成り立つとか、考えてみれば当たり前だけど、その了解が成り立つこと。それがきれいごとじゃなくて当たり前なんだっていう社会ができあがることが前提条件ですよね。結局のところ規範っていうのは、脅し以上に、内面化されることに意味があるんです。というよりも、内面化し、そんなことをしちゃいけないと自分で思うという状態がなくて、ただ脅されてるだけだったら、たぶん規範は機能しない。戦争を避けることができるという可能性が示され、やはり戦争はモラルに反するという考えが共有されるときに、初めて安定した平和が実現するんだと思います。その意味で、〈正しい戦争〉という概念は、平和とはやはり逆行してるんですよ。

もうひとつ念を押しておかなくちゃいけないのは、脅せば秩序が保たれるどころか、脅したら戦争になるかもしれないということです。自分が脅されるから脅す、でも脅された相手はその脅しに反応しますから、悪循環が生まれます。これが冷戦時代の米ソみたいに膠着《こうちゃく》状態になればそれはそれで安定しますけど、安定する保証はありません。で、ここの分水嶺は非常に曖昧《あいまい》なもので、思いどおりに相手を抑え込むことができたら、なるほど暴力がうまくいったじゃん、っていうことになる。逆に思いのほか大きな犠牲を受けたらやっぱりもう切った張ったの時代じゃない、武器よさらば、っていうことになるわけでしょ。この武器の合理性っていうのはそれぞれの状況がどこまで暴力がうまくいくかっていう、結果論なんですね。だからこそ、世界戦争のような大規模な戦争で痛い目にあったら、そしたらもう戦争なんてやっちゃダメだっていう方向に走るだろうし、逆に、戦争のおかげで得したとか安全になった気分になると、戦争肯定に走っちゃうわけです。

大人の平和主義

――かなり頭が整理されてきました。ようするに戦争という概念を考えるうえで、正戦という概念、そして力の均衡という概念、そして非戦という概念というのを大雑把《おおざっぱ》に設定してみても、どれもなかなかむずかしいわけですよね。で、いまの現実はそれこそアメリカ一国主義の宗教戦争みたいになっているという。で、そこでじゃあどうするのかっていうと、すごくシンプルなラヴ&ピースしか考えつかなかったんですよ。ただ、今回藤原さんの話をずっと聞いていてわかったんですが、それだと戦えないんですよね。気分として平和主義的な人にはアピールするだろうけれども、やっぱり多くの人たちに「だって攻められたらどうするの」って反論されて負けてしまう。で、藤原さんのお答えになったところは、ようするに一個一個考えようじゃないかという。平和っていうのはある日陽が昇って平和が訪れました、おしまい、じゃなくて、現実の積み重ねなんだっていう。だからカナダやヨーロッパっていいう例や、逆のところでコンゴっていう例も出された。その一個一個の紛争を考えていきましょう、と。北朝鮮でもパレスチナでも議論が空中戦になるのは、だってあいつら悪いやつだからやっつけちゃおうっていう論理と、いやいや戦争は悪いことなんだからやめましょうよという論理しかないからで、この議論じゃはなからねじれの関係で対話にならないですよね。

藤原　そうなんですね。

——そこで藤原先生が登場して、いやいやみなさん待って待って、その議論はやめましょうよ、と。私は平和主義者です、平和いいと思います、ただ旗を振るだけじゃないんですよ。なんでいま北朝鮮がああなってるのかちょっと考えませんか、なんであの人たちが核、核って言ってるのか考えませんか、一個一個分析していきましょうよ、と。で、分析をして、むずかしい因数分解も解いていけば、最低の軍事力でこの紛争を解決できるんだ、そういう絵が描けるんですよ、と。感情論はやめましょうよ、ある意味ですごく全体主義的なラヴ&ピースもやめましょうよという。

藤原　そうです、ええ、ええ。

——かたや別の理屈がありますよね。俺たちはどこまでもシビアに現実を見て、どこまでも分析をして、だから戦争なんだよって言う人たちもいる。

藤原 そうですね。でもね、リアルなつもりで現実を見てないかもしれませんよ。平和を唱えるのが理想主義で、戦争が現実なんだっていう二分法は必ずしも正確じゃないんですよ。現実に向かうと戦争を肯定する、現実から離れるとハト派になるって、そんなバカなことじゃない。現実の分析っていうのは、目の前の現象をていねいに見て、どんな手が打てるのかを考えることです。そのとき、すぐ兵隊を送るのは短絡《たんらく》的です。伝統的な外交というのは、武器を手段としながら、外交交渉、悪く言えばボス交渉と談合によって自分に有利な条件を獲得するってそういう取り引きでしょ。だけど、原則として平和を掲げて国際政治を見てきた人たちってのは、今度は国際関係の力の現実とかいうものにぶつかると、なんというか教条主義的な平和主義者、あるいは教条主義的な戦争主義者になっちゃうみたいです。いまの日本で起こっているのはそういう状況でしょう。だけどそれは事実に即してないんです。

一言いっておきたいんですけど、平和って、理想とかなんとかじゃないんです。平和は青年の若々しい理想だとぼくは思わない。暴力でガツンとやればなんとかなるっていうのが若者の理想なんですよ。そして、そんな思い上がった過信じゃなく、汚い取り引きや談合を繰り返すことで保たれるのが平和。この方がみんなにとって結局いい結論になるんだよ、年若い君にとっては納得できないだろうけどもっていう、打算に満ちた老人の知恵みたいなもんです。そういうことをね、伝えていきたいんです。

＊1　**ミュンヘンの教訓**　1938年9月、チェンバレンはミュンヘン会談で、これ以上侵略しないというヒトラーの言葉を信じ、それまでの領土拡張を受け入れた。ヒトラーは増長、さらなる膨張主義に乗り出し、第二次大戦へとつながった。

＊2　**国際政治学のリアリズム／現実主義**　国際政治学の最も支配的な学派。倫理・国際法・国際機構を重視するリベラリズムに対し、自分たちの分析こそ「現実的だ」と主張する。「現実的」の一般的な用法と区別するために、本書では〈リアリズム〉と表記する。

＊3　**三十年戦争**（1618〜1648）ドイツを舞台とするプロテスタント対カトリックの宗教戦争に周辺国が介入、ヨーロッパ大の紛争になった。最後の宗教戦争にして、最初の近代国家戦争。1648年のウェストファリア条約はその講和条約で、国際社会は主権国家からなると定めた。

＊4　**アダム・スミス**（1723〜1790）イギリスの経済学者でいわゆるリベラル経済学の祖。『国富論』。

＊5　**マンチェスター学派**　産業革命期、英マンチェスターなどの工業の利害拡張のために自由貿易を主張。穀物法や奴隷制度の廃止などを訴えた。基本的に産業家・商売人の思想。

＊6　**イマニュエル・カント**（1724〜1804）ドイツの哲学者。理性信仰。永遠平和をテーマに国際社会を論じる。

＊7　**戦争の違法化**　ジュネーヴ議定書は捕虜の人道的処遇や毒ガス・細菌兵器の使用の禁止を定めている（1925年調印）。国連憲章には「全ての加盟国は、その国際関係において、武力による威嚇又は武力の行使を……慎まなければならない」とある。

＊8　**アラモの砦の戦い**（1836）メキシコ領テキサスに移住したアメリカ人が反乱、メキシコ軍を相手にアラモ伝道所で攻防戦を繰り広げ、米政府にテキサス併合を要求した事件。

＊9　**ウィルソン大統領**（1913～1921在任・民主党）第一次大戦後の世界の枠組として〈十四ヵ条〉を唱え、リベラリズムを外交で実践しようとした。

＊10　**侵略者インドネシア**　1961年に西イリアンに、1975年には東ティモールに軍事侵攻・併合した。ともに激しい分離独立運動が続いたが、東ティモールは1999年正式に分離した。

＊11　**キケロ**（前106～前43）ローマの政治家・雄弁家。「私は最も正しい戦争よりも、最も不公平な平和を選ぶ」という格言も残している。

＊12　**アウグスチヌス**（354～430）初期の西方キリスト教会最大の教父。

＊13　**米国は国際法に従わない**　たとえば1980年代、中南米ニカラグアのサンディニスタ左翼政権の樹立に際し、レーガン政権は軍事攻撃を開始。国際司法裁判所は米側の武力行使を違法と認め、損害賠償を命じた。アメリカは判決を無視、反政府側への支援を続けた。

＊14　**オランダの半分くらいのGNPしかない**　世銀によれば2001年、ロシアのGNP（国民総生産）は2590億ドル、オランダは4400億ドル。ちなみにアメリカは10兆4620億ドル、日本は4兆6750億ドル。

＊15　**吉本隆明による米軍批判**は『「反核」異論』（深夜叢書社・1983）参照。

＊16　**フィリピンの基地が保てない**　1991年、ブッシュ政権はフィリピンの米軍基地からの撤退を決めた。

＊17　**本土防衛の役所まで設置**　ブッシュ政権がテロ対策の一環で2003年に設置した国土安全保障省のこと。

＊18　**不戦共同体**　EU（欧州連合）の前身の機構ECSC（欧州石炭鉄鋼共同体）は当初、不戦共同体の構築を目標として設立された。現在のEU加盟国は少なくとも域内においては紛争解決のために軍事力を用いるのを放棄している。

＊19 **汚い仕事は俺たちに丸投げ**というアメリカ側の見方の代表的論客はネオコンのロバート・ケーガン。詳しくは『ネオコンの論理』(光文社・2003)。

＊20 **コンゴの混乱** コンゴ(旧ザイール)ではモブツ独裁政権が失脚し、政局が混乱、1998年には第二次コンゴ内戦が始まった。戦闘は周辺諸国の軍事介入で「アフリカ大戦」へと発展。戦死、虐殺、病死などで5年間で推定330万人が犠牲になる。一日1700人の死者が出ている計算で、第二次大戦後最悪の国際紛争と言われる。

第2章

日本は核を持てば本当に安全になるのか

いまや核抑止は成り立っていない

――ここのところ、核という言葉が本当にカジュアルに使われるようになっちゃいましたよね。以前はそれこそ最終兵器っていう、すごくおどろおどろしいイメージだったのに、いまでは核保有疑惑国って言われる国は北朝鮮以外にもいくつかあって、持つのが当たり前、みたいな感じになりつつある。あと、これはどうなんだろうと思うのが日本核武装論です。皮膚感覚として、世界で唯一の被爆国で、原爆の痛みを身体で知っているはずの日本が核兵器を持っちゃうなんてホントにいいのか、というのは当然ありますし、いまある数だけで地球を何回も破滅させられるとかいう兵器を増やすのに加担するなんて、という意見もあるでしょうし。でも勇ましい核武装論者の人たちは、なに甘いこと言ってんだ。日本人はいざとなったらアメリカが守ってくれると思ってるけど、そんな保証はどこにもない。独自に武装すべきだ、そのためには兵器のなかでも一番安くて効率がいいと言われる核が一番有効なのだ、と。これはしかし、ある意味では合理的に聞こえるわけです。人間、いざとなったら倫理とか世界の安全より、そりゃあ我が身の安全を優先するだろう、と。

で、うかがいたいのはこの核の問題をどう考えたらいいいのか。なかでも、日本は核兵器を持てば本当に安全になるんでしょうか、ということなんですが。

藤原　核兵器を持っている国どうしの間では、戦争が起こらない、という主張がありますね。核を持てば戦争が起こせなくなるんだ、核兵器が平和を壊すっていうのは間違いで、核兵器こそが平和への近道なんだっていうわけです。この議論は、核兵器でお互いに脅し合うことで国際関係が安定するっていう議論で、〈核抑止〉っていいます。

核抑止は、小難しくいうと、相手が攻撃したときには大規模な反撃を与えることを事前にはっきり相手に伝えること、ようするにやり返すぞって脅して手を出させない、という議論です。核で反撃されたらすさまじい打撃を受けますから、そうそうは使えない。核保有国がお互いにその状態となることを相互確証破壊（ＭＡＤ）って言います。そして、破滅よりは平和の方がまだマシだ、って核保有国が考えるときに、お互いに抑止する関係、相互抑止が成立します。そんな例はあるんです。一九六二年のキューバ・ミサイル危機（＊1）からあとの米ソの間には核抑止が成り立ったと言ってかまわないでしょう。その意味で、核抑止が現象としてあるかないかと言えば、間違いなくあり得るものです。

――一回手を出したらお互い痛い目にあうってわかってるから、我慢して手を出さない。

藤原　そう。でも、じゃあ、核抑止は絶対できあがるものかと言えばそれはそうではない。

というのは「相手が核兵器を使うぞ」と思っているときには核抑止が成り立たなくなります。

――はい、本気で使うと思ってたら、先にやった方がいい。

藤原　ええ。たとえばインドとパキスタンの事例でいえば、パキスタンが核武装した頃――公表されませんでしたが八〇年代の中頃でしょう――その当時からインドはパキスタンが核兵器を使うんじゃないかって憂慮してた。公然と核実験をした九八年はもっとそうです。相手が核を使う前に先制攻撃する可能性もあった。

アメリカは核を使うつもりだ

いま六二年のキューバ危機のあとはって言いましたけど、六二年の前までは、やっぱりソ連は核を使うとアメリカは読んでいたわけですよ。抑止が安定するとは考えていなかった。いまでこそぼくらは、核保有国の間で半世紀の間、戦争がなかったのは当たり前のように言ってますけれども、当時は半世紀もの間、核保有国が核を使わないって方が、よっぽど現実離れした判断だと思ってた。そして、相手が核を使うと考えてる場合には戦争で応じるしかない。核抑止は成り立たないことになります。

そして現在の世界を考えると、ふたつの意味で核抑止は成り立っていない。ひとつには、アメリカを直接核で攻撃することが、これは反撃の場合も含めてですけども、どの国にとっても軍事的に合理的じゃなくなっちゃった。イギリスとかフランス、イスラエルみたいに、もともとアメリカと組んでるとこを別にしても、中国やロシア、どこもアメリカを相手にできない。インド、パキスタン、それにたぶん北朝鮮の場合は、そもそもミサイルがアメリカに届かない。なんとか届く中国やロシアでも、相手の方がずっと強いですからね。ロシアは二〇〇二年のモスクワ条約（*2）で、ようするにアメリカと張り合うのを断念しました。中国はそれよりもっと弱いわけで、アメリカを攻撃なんかできない。

ということは、アメリカの核は抑止されていない、反撃を恐れることなしにアメリカは核が使える、ってことです。これを背景に打ち出されたのが、ブッシュ政権が二〇〇二年初めに議会に出した核態勢見直しって文書です。その内容は、通常兵器と核兵器を組み合わせた戦略を考えようってことです。抑止が目的なら、核と通常兵器を組み合わせる必要はない。核を使える兵器にしようっていう方針が出されたわけです。

――あの、使える兵器にするのが方針っていうことは、使っちゃうってことですか。

藤原　使うかどうかはその場その場の判断ですけどね。反撃が恐くないってことはありますね。

――…………。

インド、パキスタン、イスラエルの核兵器

藤原　第二の問題が、地域の核保有国の不安定性です。むかしの米ソと違って、いまの核保有国は紛争を抱えた地域に集中してます。南アジアなんか、中国・ロシア・インド・パキスタンっていう四つの核保有国が国境で向かい合ってるでしょ。このなかで、核について少しなりとも交渉があるのはインドとパキスタンですけれども、このインドとパキスタンの間でもとてもじゃないけど安定なんてしてない。相互抑止が成り立たないどころか、むしろカシミール（＊3）で何回となく紛争が繰り返されてますよね。インドとパキスタンは、相手が先に使いそうだと考えたら核の使用も辞さないでしょう。

――うーん。

藤原　また、別の問題なんですけれどもイスラエルの核兵器があります。イスラエルは中東では圧倒的な軍事的優位に立って戦略を進めてきました。エジプトについてもシナイ半島を彼らが占拠したあと押し返したし、レバノン紛争に関連してシリアの空軍も破壊した。だか

ら核に頼る必要がこれまでにあったとは言えないでしょう。しかし、イスラエルはまわりをアラブ諸国に囲まれ、国内では絶えずテロで人が殺されている。そして大事なことは、イスラエルが核を使っても、アラブ諸国の味方になってイスラエルに核で反撃する核保有国は存在しないってことです。たとえばイスラエルがカイロに核ミサイルを打ち込んだとしますね。そうしたら核で反撃されると思います？　アラブ諸国は核武装してないんですよ。ということは、やれちゃうわけですね。核抑止っていうのは確実に反撃されるってわかってるときだけに意味があるんです。反撃されないんだったら、通常の兵器と同じように使用することができるんですよ。

——あの、それ、イスラエルは使うかもしれないということですよね？

藤原　そうです、そういう意味です、ええ。

——あんまりそういうふうに考えたことなかったです。

ミニ・ニューク

藤原　でしょ？　つまり、核は使われない時期がこれだけ長続きしたから、使うことができない兵器だと誰もが思うようになってますけど、それは間違いです。核は使えない兵器ではなく、大規模な兵器にすぎません。

そして核を使いたくなる、核があれば壊せるのに、っていうような戦略目標もあるんですよ。なにかと言いますとね、核エネルギーほど大規模なエネルギーを開放する兵器はほかにないんですね。地面のなかに一〇〇メートルより深くになにか埋めたとしますね。そこのとこをどうやって壊すのか？　これ核兵器使わないと壊せません。

——なんか地下のラボ／実験室みたいなところで悪事を働いてたら、そこを壊すには核を使うしかない。

藤原　ことになるわけですね。で、あの、冷戦後の核っていうのはその意味で、核が抑止の兵器から使える兵器に変わりつつあるっていう状況の転換になります。

——それは理論的な話でなくて現実にもそうなんですか？

藤原　現実には、さっきの核戦略見直しがそれです。兵器でいいますと、ミニ・ニューク（＊4）っていうのが開発されてます。これは小型の核兵器でして、使っても被害が大きすぎず、電磁波の影響も限られてるから通常兵器と一緒に使いやすい。核兵器は電子機器が使えなくなるような影響をまわりに及ぼしちゃうものですから。抑止が目的なら小さくしても意味ないんですが、いざ使うとなるといまの核兵器は破壊力が大きすぎて使いづらい。そこんとこを工夫して、使いやすい核兵器を開発してるわけです。

——それは核を使ってピンポイント攻撃するっていうことですよね。しかもそれなら理論的には被害がある程度、抑えられるってことになってる。だからますます使うことを正当化できる……うーん、恐いですね。

藤原　恐いですよ。

核を持ってたら平和が実現するなんて大間違い

——そうすると、冷戦の間は、もう核兵器っていうのは通常兵器とはぜんぜんリーグが違う、ものすごくスペシャルな、使っちゃいけない兵器だと考えられていたわけじゃないですか。〈最終兵器〉って呼ばれてたくらいで。でもいまは核兵器も通常兵器のひとつっていうことになりつつあって……。

藤原　あえて申し上げれば、そのとおり、ですね。なんか恐い話になってますけど……。

——先生そんなびびらさないで。早くじゃあどうしたらいいのか、っていうお話を。

藤原　まあ、待って下さい。核兵器はそれまでの兵器とは段違いに破壊力が高いので、自分が使ったら相手も使うだろう。だから核だけは手を出さないっていう暗黙のルールみたいなものがこれまであったわけです。むかしの毒ガスもそうでした。毒ガスって、開発が容易なのにそれほど広くは使われないでしょう。それは風向きによってはガスが味方の方に流れてきちゃう可能性があるからなんです。それに両方が毒ガス使ったら戦争がそれまで以上にめちゃめちゃになっちゃうという判断もあった。核も同じです。としますとね、核兵器を持っていたら平和が実現するんだとかいう考え方は間違い。核は戦争の破壊を広げるだけです。

　朝鮮半島についてはとくに憂慮したいです。というのは、北朝鮮は核で攻撃されることをずっと想定して戦略を組んできましたから、核で先制攻撃をしなければ倒すことができないものをたくさん持っています。だからアメリカからすると、核兵器で先制攻撃をして、北を破壊したいっていう誘惑はどうしても出てきちゃうんですね。

　そういえばテレビで（軍事評論家の）江畑謙介さんと一緒になったときにね、核の実戦使用の可能性が上がっちゃったことを本当に恐がってらっしゃいました。その話を二人でしていたら異様に盛り上がって、「アメリカは核使うかもしれませんねぇ」「軍事的には合理的だと思いますよ、反撃もされないし」「北朝鮮の基地を破壊するなら核使わないと無理でしょうね」とかそんな話になりました。江畑さんは兵器の専門家だけどタカ派って人じゃない。むしろ、相互確証破壊が壊れて、核が使える兵器になったらどうしようと心配してました。

だって軍事的な効率性からいえば、そうなってしまうんですよ。
　もちろんそれをした場合には、北が反撃する可能性があります。だけど反撃しないかもしれないし、したところでたぶん、在韓米軍を除けばアメリカは被害を受けない。そして、北を核兵器で破壊したら、それまで核戦争で世界は滅亡するなんて愚かな平和主義者が言うようなのとは違って、せいぜい数十万人の人間しか死ななかったって先例になる。戦争だからそれぐらい死ぬよね、核だから特別扱いすることないって、そういう話で終わるわけですね。そして核兵器が現実に使われますと、次はもっと使いやすくなる。現在の国際関係の不安定性が一挙に顕在化することになります。

――っていうかそれはあんまり考えたくない悪夢のシナリオですが、ようは核解禁ってことですよね。そこらじゅうでキノコ雲がドン！　ドン！　ドン！　ドン！　っていうことになるんじゃないんですか？

藤原　それ、『博士の異常な愛情』（＊5）のラストシーンですね。花火みたいに次々にキノコ雲があがって、〝また会いましょう〟って音楽がそれにかぶるんです。ま、すぐじゃないと思います。すぐじゃないし、なっては困るわけですけれども、地域紛争の規模はいまでも拡大していて、各国とも核武装に走ってます。隣の国が核を持ってるときは自分も持たないと大変だってことになる。おまけに、核のないイラクはアメリカに倒されたけど、核開発した北朝鮮は六者協議で外交路線、イランの核は見えないことにする、なんてことをブッシュ政権がしちゃいましたから、核を持ってりゃアメリカは手を出せないなんて教訓までできちゃった。それにもうひとつ、アメリカはホントに守ってくれるのか、核の傘は頼りになるのか、っていう疑いを持つ国も出てきます。核武装論者の人たちはいまのアメリカが守ってくれるとは限らないってよく言ってますよね。まったくそのとおりで、守ってくれるとは限らない。でも、核を自分が持ったら――。

――それはそれで自ら危険な国際環境を作ってしまう……。

インドの失敗

藤原　そうです。いい例がインドです。ぼくはインドが核実験をした年、九八年にデリーの国際会議に招かれたので、かなり厳しくインドの核保有と核実験について批判したことがあるんです。そしたらインドの学者の方は、中国は核実験をして核も保有しているのにほかの国は文句を言わないじゃないか、と。インドだけ文句を言われるのはこれは差別だとおっしゃったわけですね。あ、これはいけないな、正面から切り返さなきゃと思って言いました。

中国は批判をしようにも、あるいは批判をされようと、六〇年代ずっと国際的に孤立していたので、批判を受け入れる状態じゃなかった。国連にも加盟してませんでしたしね。しかし中国の核武装に対して、アメリカはソ連と共同して事前に防止するための軍事行動を呼び掛けた可能性があります。最初はアメリカは、ソ連が中国に圧力をかけるように求めてるんですが、それがうまくいかなかったわけですね。結局そんな軍事行動にはなりませんでしたけど、新しい核保有国の生まれるときは、必ずといっていいほど出てくる話です。また中国が核武装したあとは、アメリカは中国を直接攻撃する可能性を真剣に検討している。中国もそのことは知っていて、核武装をしたあと、それまで以上に地下壕をたくさん作って、地下道に逃げてですね、核戦争に対処することを考えなければならなくなった。つまり核武装をしたあとの方が、中国はアメリカの脅威をさらに自覚せざるを得なくなったんですね。核戦争でいつ自分たちが倒されるかわからないっていう恐怖に中国の人たちはそのあと十年近くの間悩まされることになる。インドがそうならないことを望むけれども、っていうふうに言いました。

——あなた方は「負けるもんか、強いんだぜ、俺たちだって」と思って原爆を開発してるけど、実は余計に心配が増えちゃってますよ、と。

藤原　そうなんですよ。いまでも覚えてます。インド人にこれを言い始めたらみんなシーンとなったから。ホント、考えてないんだもん。

――その、どうしても核を持ちたいっていうのはプライドゆえなんですか？

藤原　プライドであり、抽象的な、自分たちに都合のいい戦略なんですね。核を持てば中国に対して抑止力になるだろうと。でも中国はインドを攻める必要がないし、中国の方がはるかに強いんです。中国はアメリカとの関係で核保有を議論しているんであって、インドとの間の戦争なんて考えてないんですね。インドは中国との間で核は考えるけどパキスタンとの間で核って考えないでしょう、パキスタンは格下の国だから。パキスタンを相手に核戦略を考えるっていうことはインドのプライドが許さない。

〈戦略論〉なんてちっとも合理的じゃない

――あのう、〈核戦略〉とか合理的っぽいことを言ってる割に感情的な気がするんですが。

藤原　戦略って、けっこう、不合理ですよ。そのときそのときで、大騒ぎする脅威の的って変わりますし、仮想敵国も変わる。でも、戦争っていうのは自分たちが考えたがらない、そっちの方から起こるんです。自分たちが考えたい戦争のことばっかり考えてる戦略論って、そんな合理的じゃないです。

――ああ、それいいですね。戦略論ってなんだかよくわからないけど、なにかこう、情を超越した、有無を言わせぬウルトラ合理主義、絶対正しい、みたいな印象をふりまいてるじゃないですか。戦略論は合理的じゃないって、もうちょっと大声で言っていただけると――。

藤原　戦略論なんて決して合理的じゃないです。いろんな脅威をていねいに考えるんじゃなくて、これが危ないってところに集中して議論を作るからです。ホントの戦争は、違うところから起こったりします。

なぜ核はこんなに増えてしまったのか

――それにしても、こんなにたくさんの国が核を開発するようになっちゃって本当に物騒な世の中というか、非常にシリアスな状況だと思うんですが、そもそも、なぜ、こんなことになっちゃったんでしょうか。

藤原　それも冷戦後の問題なんです。なによりも冷戦後にアメリカが武装解除をしなかったことなんですね。いまだったら、バカじゃんそんなこと言うの、って思うかもしれませんけど、アメリカにとっても冷戦が終わったんだからあんなに兵隊いらないっていうのは冷戦終結期に当ったり前のことだったんですよ。あんなにたくさんの兵隊は維持できるわけがないっていう了解があった。だけどアメリカが単独で減らすのは酷でしょう、だからわれわれも減らしますから、っていうことで、それで大量破壊兵器、つまり核兵器のことですけど、この大量破壊兵器を相互で削減していくという計画がいくつも立ってきた。米ソだけじゃなくてほかの国もしようってことになった。南アフリカは核を廃棄し、アルゼンチンも核開発はやめた。まあ、イスラエルや中国は乗ってこなかったんですが、核保有国が核保有の規模を切り下げてって、冷戦時代の大量破壊兵器の保有をみんなやめていこうっていう方向があったんです。で、アメリカからすれば自分は持っていたいんだけど、ほかの国の兵器を減らすために自分も減らさざるを得ない、っていう前提条件があった。これが三つの体制、ひとつは包括的核実験の禁止で、CTBT（＊6）っていう体制。ふたつめにはより広く、核の不拡散体制、NPT（＊7）っていう体制。そして三つめには、これは体制にはならないんですけど、START（＊8）っていう米ソの間の核の削減条約。この三本柱で進めていこうとしたわけです。でも、結局どれも立ち消えになりかかってる。

核兵器が悪いんじゃなくて、悪いやつが兵器持ってるのが悪いっていう議論もある。あるっていうか、いまのアメリカ政府はそんな議論をとってます。まあ日本にだって前はあったわけで、ソ連の核は悪くない（＊9）って言った人がいなかったわけじゃないですから。そいでもって、悪いやつからは兵器を取り上げるけど俺たちは持ってていいという話になっちゃう。

ここで残されていた問題はひとつはアメリカ。アメリカがどこまで核を廃棄するのかっていう問題。そしてもうひとつが、アメリカが廃棄しなければうちも廃棄しないぞと言っているほかの国です。アメリカがさらに大規模な廃棄をしない限り、ほかの国も従うはずがないわけで、実際、アメリカは核廃棄を中途半端なところでやめちゃった。当然ほかの国も廃棄しません。それで核不拡散も核軍縮も中途半端に終わっちゃった。

結局のところ実現したのは、ソ連の解体によって核保有国が自動的に増えることを抑えることでした。旧ソ連がいくつかの共和国に割れたとき、核問題がぐじゃぐじゃにならないようにって……。

――ロシア・マフィアの手に渡ったらヤバいとか言ってたやつですよね。

藤原　うん、ソ連が割れて独立した共和国、たとえばウクライナが核保有国になったら困る。だから規制した。そこまではできたけど、それで終わり。

そしてソ連圏の外でも大量破壊兵器の問題は、議論はされましたけど、結果的には核を装備した国を既成事実として認めちゃったわけですよね。インド、パキスタンがそうです。そして北朝鮮はいま、その直前のところにいます。そもそも核不拡散体制が脆弱《ぜいじゃく》になっていたところに、ブッシュ政権はさらに、二〇〇二年の核態勢見直しで実質的にNPT体制から脱退しちゃったわけです。

南アフリカが核を廃棄できたわけ

中国、あるいはイスラエルもそうですが、核開発を既成事実にした国が過去にもありました。このとき、結局なにも手出しができなかったわけです。それと二〇〇三年に始まったイラク戦争が、核を持っていないとアメリカに倒される危険があるということを実証した。で、北朝鮮は核があるから、アメリカは手出しができなかった。核の開発にさえ成功すれば、アメリカは攻撃しにくくなる、核保有こそが安全を図る一番の方法っていう、わけのわかんない状態が生まれちゃったんですね。インドとパキスタンの公然たる核開発、それにあらたに加わりつつあるのがイランと北朝鮮になります。冷戦の終わりにやっとかなくちゃいけなかった核不拡散をほっといたので、この状態です。いま起こっているのは、核を開発すれば既成事実にしてもらえるし、核を持つことによって防衛力が高まる、ヘタをすれば大国としての威信だって上がる。核保有の魅力がさらに高まる状況なんです。

――イラク戦争がダメ押しになって、各国の核を持ちたいインセンティブがどんどんどんどん高まっちゃった。

藤原 そう。それがちょうど日本の国内では、言ってみれば非核三原則（＊10）が憲法九条に並ぶような非現実的な、打ち払うべき原則として見られるようになった現実と一緒になっちゃうわけですね。

――非核三原則なんてしゃらくせえって？

藤原 うん、核を持ちゃあいいんじゃないかって。だって、隣の中国も北朝鮮も持ってるのに、経済も技術もずっと進んでる日本がなんで自制するんだってことになる。

――うーん。

藤原 こうして見てみると、冷戦が終わったときには核廃絶って決して非現実的な夢想じゃなかったんですけど、そこをきちんとしなかったのが問題だとわかるでしょう。もっとも少しは進みましたけどね。実際に南アフリカのように核を放棄した国も現れたし、旧ソ連も大量に核を廃棄しました。またアメリカも、旧ソ連の核廃棄を促すためにも、核弾頭の撤去は進めました（別にとっといたわけですが）。

――南アフリカってなんで核を廃棄できたんですか？

藤原　あれはいやな言い方すると、九四年に黒人政権になったときに黒人が核を持っていることを許さないという国際的な圧力があったんです、ほとんどレイシズム（人種差別）ですけどね。だけどマンデラがやっぱりアフリカ南部の秩序のなかで、新しい共和国が影響力をもつためには、核を放棄した方がいい、と判断した。あれは歴史的な決断でしょ？　あれで南アフリカのマンデラ政権が国際的に――というよりはアメリカとヨーロッパに――受け入れられたんです。

――核を捨てたことで、逆にみんなに信頼されるようになったという。ハリネズミがハリをおさめたら好かれるようになったみたいな。

藤原　そうそう。

アメリカの核の傘は確かにあてにならない

これまでは核武装しているふたつの国の間での核戦略の話をしました。これは二国間の相互抑止っていうものなんですね。で、抑止でもっと問題になるのは第三国をめぐる問題。核武装していない国、核を持っていない国をどう守るのかという問題なんです。一言でいえば、〈核の傘〉で、日本がいい例ですね。ほかの国が日本を攻めてきたらアメリカが核で反撃するぞ、だから日本は核兵器を持っていないけれども、守ってもらえるんだ、っていう議論です。核抑止のなかでも、これは〈拡大抑止〉って言うんです。第三国を含むので拡大って言うんですけど。

でも拡大抑止って不安定です。考えてみればわかることで、アメリカが守ってくれるとは限らないって言う人がいますよね。まさしくそのとおりなんです。東京を守るためにロサンゼルスが危険にさらされることをわざわざするだろうか。キューバがミサイル基地を作った。で、アメリカが海上封鎖をする。で、キューバのためにソ連は核戦争を覚悟するだろうか。しなかったわけですよね、結局カストロを見殺しにするわけでしょ、キューバ危機のあと。その意味で拡大抑止はきわめて不安定なものです。不安定だからこそ、ほかの国は核で守らないだろうと希望的な観測に走ってその国に攻め込む国が出てくる可能性が残る。日本がやられてもアメリカは核で守らないだろう、と思って日本を攻撃する国が出てくる可能性もあります。ですから核の傘が安定したものだと考えるのは幻想にすぎない。だけど、じゃあ兵器を直《じか》に持った方がいいかと言えば、それはそうじゃないんですよね。

――それはさっきインドの例で言われた、核なんて単独で持つと、かえって自分のまわりの環境が危なくなるという。

藤原　うん、さっき言った問題になるわけです。結局、拡大抑止って、ホントに核保有国が守ってくれるからっていう保証で成り立ってるわけじゃない。戦争が起こってないとすれば、それは戦争で得するより損する、現状維持の方がマシだと各国が考えているからにすぎません。脅しをきつくすればうまくいくってわけではないんです。

――なるほど。だんだんクリアになってきたんですけれども、武力を必要としない状況を作っていくことが平和のためのプロセスなんだ、っていうのが、藤原さんのお話の肝のところですよね。それは核を例にとれば、核は持つことによって逆に危険になる、不安定になる可能性がある、だからこそ危険レベルを下げることがひとつの手段だと。それが武力を必要としない状況を作る一歩なんだっていう。

藤原　そうですね、ええ。核はもちろん最終的になくなれば一番けっこうなんですけども、核を減らすこと自体が緊張緩和の手段になります。軍縮っていうのは、実際に何発核弾頭が減ったか、っていうよりも戦争の蓋然《がいぜん》性を下げることが大事なんですね。軍縮交渉が始まればそれだけでかなり緊張緩和が進んだ状態になります。どの国だって一方的に兵隊をなくしたいと思わない。だけど兵力をなくすことは相手との緊張を下げることになりますよね。米ソの核軍縮の交渉は兵器が減ったことよりも、それによって米ソの緊張が弱まったことが大事なんです。その意味でいえば、核を保有している国が向かい合う状態で核を減らしていくというプロセスは、もうそこにこぎつければ、緊張緩和の大きな手段になります。

核兵器が安上がりなんてウソだ

で、核って安いって言いますけどね、あれウソですよ。

——え、そうなんですか？

藤原　つまり核兵器の核弾頭作るだけだったら安上がりなんだけど、戦略的に意味があるものにするためには、それをどうやって運搬するかっていうことを考えなきゃいけない。ミサイルにすりゃいいいって言いますけど、ミサイルを基地にしちゃったら、基地をやられたらおしまいですよね。

——ああ、なるほど。

藤原　そこでミサイルの発射拠点をできる限り動かしていくことになって。中国は移動可能なミサイルにいま変えてますよね。車に載っけるわけ。

——台車みたいなものに？

藤原　そうそう。ただ、台車みたいなスタイルだと目立ちますしね、衛星でわかっちゃうし。それに発射するときのいろんな制約が出てきますよね。やっぱり地下のサイロの方が安定しているわけで。

――あ、それで地下に隠すんですね。みんな地下に貯蔵してあるんですか？

藤原　そう。でもそれも核兵器でやられちゃったらおしまいですよね。最終的には海っていうことになるんです。一番安定しているのは潜水艦。

――常に移動させるっていう。

藤原　そうです。ただ原子力潜水艦ってものすごくお金かかるんですよ。

――あ、そうなのか。

藤原　ええ、さまざまな兵器のなかで最も高価なもののひとつです。ソ連は五〇年代の末期、フルシチョフの時代に無理して原潜を作りますけれども、それが国家財政を大きく崩していくわけです。しかもその原潜っていうのがいかに悲惨なものだったかってこの間『K-19』（＊11）でしたっけ、映画が公開されましたよね。大体史実に忠実だと思いましたけど、あれは本当に起こった原潜事故ですよね。

いま中国はそのあたりにいて。いまの中国の原子力潜水艦ぐらいだったら壊されちゃう。

で、だけどそれをさらに本格的な原潜の方に持っていくっていうことになると大変な負担になりますね。中国は安全保障に対する関心はもちろん高くて、ほかの国がいつも中国を狙っているという被害妄想もすごく激しい。しかし、核弾頭はともかくとして、核を戦略の中心に据えようとすればさらに大きな投資が必要になる。

中国はいま経済成長を大事にして、ＷＴＯ（世界貿易機構）にも加盟して、世界に冠たる工業国家っていう方向にいってますけれども、そのなかで軍事部門の支出は明らかな負担なんですよね。だからこそ軍の要求を抑え込むような議論が経済学者とか党の官僚から出てきます。そういった状態をつかまえて、中国が軍を削減しても、また核に対する依存を減らしても、安全だと感じるような状況を作ることは、中国ばかりでなくわれわれにとっても有利なことです。軍縮っていうのはそういう話なんです。

――まさにそこですよね、本当に。そこを大声で言わなきゃいけないんだなって、お話をうかがってると思うんですけどね。ようするに安全保障の問題って、いかに安心感を作るかがポイントなのかなと。日本国内でいかに安心して暮らせるか、誰も攻めてこないんだから大丈夫、という安心感を持てることが目標なんじゃないかと思ったんですが。

藤原　ええ、最終的にそうなればもちろんけっこうですけれども、こんなにたくさんの兵隊がなくても自分たちの安全が十分だろうと考えられる状況が生まれたら、兵力を削減することはできるわけですね。

――軍備増強っていうのは、疑心暗鬼というか、他国が攻めてくるかもしれないと思うからどんどん増やしていくわけですよね。ところが軍備増強することによって、結果的に他国の猜疑心《さいぎ》とか不安をも増やしてしまって、お互いがそれを繰り返していくのが軍拡競争っていうことですよね。

藤原　そうですそうです。

――その循環を断ち切るにはどちらも下げていく、が当然正解なんでしょうけど。でも、どっちか片方が先に下げるっていうのはアリなんですか？　というか刀を構えた敵どうしがいて、片方が先に下ろすってことですよね、そんなことホントにできるものなんですか？

藤原　先にどっちかが下げないと下がんないんですよね。多くの場合は弱い方が先に下げます。ソ連がそうでしょう？　冷戦末期のソ連はやっぱり軍拡競争を続けられなくなったんですよ。レーガン政権のアメリカが強気だったっていうこともあるでしょうけど、ソ連の方が経済的に弱かったですからね。ソ連が手を引くって言ってもアメリカはなかなか乗ってこなかったんですけど、最終的には乗ってきて、軍縮に合意することになる。ただ、弱い方から始めることが多いって言いましたけど、弱い方からしますとね、手を引いたら自分が弱いことを認めることになりますでしょ。これはかえって危ない。弱みにつけ込んで攻められるかもしれませんからね。だからその意味では、うん……なかなか糸口を見つけるのはむずかしい。

＊１　**キューバ危機**　実は核戦争直前だった、とされる米ソ危機。ソ連がキューバにミサイル基地を建設していると知ったケネディ大統領が撤去を要求、海上を封鎖した。最終的に危機は回避され、これをきっかけに米ソ間の協力体制が成立、冷戦は新段階に入った。

＊２　**モスクワ条約**　２００２年５月、ブッシュ大統領とプーチン大統領が調印した戦略兵器削減条約。両国は戦略核弾頭の総数を２０１２年までに三分の一（１７００〜２２００発）に削減する。対テロの文脈で米ロ関係が好転した果実とされる。

＊３　**カシミール**　インドとパキスタン間にあり、両国の核競争の火種となっている。英植民地時代、この地域の住民の大半はイスラム教徒だったが、支配者はヒンズー教徒だったため、インド独立に際してヒンズー教中心のインドに加入した。１９９０年代の宗教原理主義の高まりのなか、対立が再燃。

＊４　**ミニ・ニューク（小型核爆弾）**　２００３年５月、米議会は小型核の研究開発を解禁する法案を可決した。北朝鮮も開発中。

＊５　**映画『博士の異常な愛情　または私は如何にして心配するのを止めて水爆を愛するようになったのか』**（１９６３）スタンリー・キューブリック監督、ピーター・セラーズ主演。

＊６　**ＣＴＢＴ＝包括的核実験禁止条約**　地上、地下問わずあらゆる場所での核実験を禁止する条約。１９９６

年に国連総会で採択されたが、米・中二国とエジプト、イラン、イスラエルなどが未批准、インド、パキスタンなどがまだ署名していない。(2021年現在)

＊7 **NPT＝核不拡散条約** 米・露・英・仏・中の五核兵器保有国以外の国が核兵器を開発・保有することを禁止する条約。1968年に国連総会で採択、1970年発効。2021年現在、インド、パキスタン、イスラエル、南スーダンを除く191ヵ国・地域が締約している。

＊8 **START＝戦略兵器削減条約** 1991年STARTⅠの調印で、米ソは史上初めて戦略核兵器を減らしていくことを約束した。

＊9 **ソ連の核は悪くない** 日本共産党は1960年代、「社会主義国の核兵器は防衛的なものである」としてソ連の核保有・核実験を容認した。

＊10 **非核三原則** 1967年、当時の佐藤栄作首相は核兵器を「持たず、作らず、持ち込ませず」が政府の政策であると答弁した。1971年には衆院本会議で「政府は核兵器を持たず、作らず、持ち込ませずの非核三原則を遵守する」と決議された。

＊11 **映画『K-19』**(2003)キャスリン・ビグロー監督、ハリソン・フォード主演。

第3章　デモクラシーは押しつけができるのか

いまや民主化は世界標準だ

——いまのアメリカは民主化十字軍になってしまってますよね。対イラク戦はイラクの民主化とか、中東の民主化の一歩のためだとか言っていて。ただまあよく考えれば、これは新しい話じゃなくて、アメリカは前から、自分たちこそが世界の民主化を進める警察官であり外交官なんだって言ってたんですよね。戦後ずっと「われわれ連合軍は日本とドイツを民主化した」って宣伝してたわけですし。で、それに対する感情的な反発もずっとありますよね。日本でもあります。図々しいし、傲慢《ごうまん》だって。極端な人だと、民主主義は西欧の作り物なんだ、いいんだ、別に民主化なんかしなくて、とか言ってる。ただ、やはり究極の選択と言われたら、誰だって軍事独裁よりは民主主義の国で生きる方を選ぶと思うんですよ。選挙権がないよりはあった方がいいに決まってる。だとしますとね、この問題はどう考えればいいんでしょうか。単にアメリカはお節介でウザい、でもしょうがない、っていう話なのか、それともなにかが根本的に間違っているのか。

まず、国際政治では、民主主義ってどういうふうに考えられてきたのか、教えて下さい。

藤原　ちょっと前だったら、関係あるわけないって答えておしまいですね。原則論で突っ張っていえば、民主主義は国内政治の仕組みですから。みんなで一票、国会議員を選ぶってのはあるけど、国連事務総長とかアメリカの大統領とかは世界のみんなが投票して選ばれた人じゃない。世界規模の政府がない以上、民主主義は国際政治の問題じゃありませんってだけですよね。

――ああ、すごく明快なんですね。

藤原　でも冷戦が終わった頃から、民主主義じゃない政府は国としての資格がないっていう考えが広がってきたんです。

たとえば、資産家で有名なジョージ・ソロスって人がマデレーン・オルブライト元国務長官などと作った国際会議に〈デモクラシーのコミュニティ〉っていうのがあります。これは世界の民主主義国から、政府代表とNGO代表が集まるという大がかりなもので、二〇〇二年のソウル会議には川口順子外相も出席してます。ぼくは、あらたに民主化した諸国の抱える課題を議論するとこかな、ぐらいの気分で参加したんですが、まるでそうじゃない。民主主義の国の人ばかりじゃなくて、独裁政権のとこの人も来てて、この政府を倒すのにみんなの協力を求めます、なんて演説をしてる。その会議の決議にも、民主主義国じゃないとこには政府援助を出さないなんて議案が載ってました。なんかもう、万国の民主主義者、団結せよって感じ。

――なんか超ネオコンくさいんですけど。

藤原　それがそうじゃないんですよ。むしろ、東欧を含めたヨーロッパやアメリカにラテン・アメリカやアジア、どの人たちもアメリカ式の民主主義や経済を押しつけるっていうタイプのリーダーとかじゃないんです。アメリカ政府の利権がチラチラ見えるような主張じゃない。それなのにアメリカ人ばかりじゃなく、ハンガリーやアルゼンチンの代表も含めて、デモクラシーじゃない政府をどう変えていくのかって、もう思いっきり内政干渉そのものの議論をしている。現代の国際社会では、デモクラシーじゃない政府は政府の資格なんかないんだってのが、当然の前提にされてました。だから民主主義じゃなくちゃダメっていうのはアメリカの超保守だけの主張じゃないんですね。ブッシュ政権がアフガニスタンとかイラクの民主化とか言うとき、背景にはこんな動きもあるんです。ネオコンと関係なく、経済のグローバル化と政治のデモクラシーを、現代世界のグローバル・スタンダードとして受け入れる考え方ですね。

国家の条件①――〈軍事力〉から〈民族〉へ

――民主化は世界的なトレンドってことですよね。それ自体はいいとして、でも、いまおっしゃった、民主主義じゃないと国の資格がないっていう、そこは原則論としてどうなんですか。どの政府に国家としての資格があるかないかっていうのを、そんな簡単に外から決めてもいいもんなんでしょうか。

藤原　いや、まさにそこなんですよね。デモクラシーじゃない政府は認めないってのは、アメリカだけの極端な主張じゃなくなった。というのも、政府の資格っていうか、国際政治でどんな国家が国家として認められるかってことが、いま大きな流れとして変わりつつあるんでしょう。大きくまとめたら〈力〉から〈民族〉へ、〈民族〉から〈デモクラシー〉へっていう流れです。で、まさにそれが新しい対立を作っている。

大きな流れをまとめますとね、むかしなら、国家の資格とか政府の資格とかは問題にはならなかった。伝統的な、前にご紹介した〈リアリズム〉という考え方では、力があれば国家だ、資格もなにもないっていうことでしたからね。強いやつが国際政治の主役、なんです。力のないとこがああだこうだって言ってもしょうがないわけで、植民地にされちゃった。でも、それが現代までずーっと続いたわけじゃない。大きな展開が二度ありました。

そのひとつが民族ですね。民族を基礎にして政府を作るのがよろしい、っていう考え。違う民族の支配はダメ。民族ごとに、独自の政府、経済、文化を保ってよろしい。これでいうと民主化とグローバリゼーションってのはまさに独自の政治や経済を壊すわけですから、〈民族を基礎にした政府〉という考え方とは正面からぶつかります。

もっとも、民族ごとに政府を作れって考えも、問題をはらんでます。力で国際関係が決まるのなら、それなりに安定した状況を作れるかもしれない。でも、民族ごとってことになると、まず多民族の政府はナシ、ってことになる。多民族が住んでいるところは分割されちゃいますね。国際関係も不安定になります。それに民族ごとにできた政府はもうそれだけでアリ、国内問題だからよそさんは手を出すなと言って、同じ民族ならいくらでも殺していいのか、とかね。それから、民族単位で俺たちは俺たちの国家を作るんだ、文句あるかっていうふうにも言えるわけで、そうしたら、必ずしも正義じゃない、とは言いにくいわけです。力で決めるときと同じで、民族で決める国際社会というのもけっこう問題含みです。

ヨーロッパ人は民族主義を暴力の源泉と見ている

そもそもはフランス革命です。フランス革命は〈国民〉による政府を作っていこうとする運動ですが、ここでは〈民族〉よりも〈市民〉にウェイトのかかった〈国民〉です。でも、この考え方が十九世紀のヨーロッパで広がっていくと、〈市民〉よりは〈民族〉にウェイトのかかった〈国民〉になってきます。イタリアのカルボナリ（＊1）とかギリシャの独立とかから始まって、イタリアやドイツの統一になるとはっきりします。

こうして十九世紀のヨーロッパは〈民族ごとの政府〉という方向に向かいます。十九世紀はまだ国際関係が割に安定してました。でも国内でナショナリズムが爆発的に広がり、十九世紀の末にどうしようもないところまで広がっていくと、〈民族ごとの政府〉が国際関係を揺るがし始めます。たとえば自分たちと同じ民族が離れたところで住んでるとすれば、そこだって俺たちの領土だって言ってみたりね。〈回復されざるイタリア〉（＊2）の問題、イレデンティズムって呼ばれますけれども、こういう民族の飛び地の併合っていう事態が起こりますよね。

逆に、いろんな民族が共存してるところでは、それを排除して民族ごとに住み分けさせる、民族浄化っていう現象も起こります。いろんな地域にまたがって住んでいるロマ人、いわゆるジプシー（＊3）は排斥《はいせき》の対象になりましたし、ユダヤ人の排斥も十九世紀から表面化していきましたしね。これはヨーロッパ世界ではほぼ終息したと見ていいんですけど、それでもユーゴスラビアのように多民族間の共存をガラスの城のように作ってきたところでは、それが壊れちゃう。実際、第二次大戦後のヨーロッパが民族問題にあまり悩まされなくなったのは、厳しい言い方をするならば、それまでに民族浄化ともいうべき現象がかなり進んでいたから。

――それはユダヤ人の。

藤原　そう。ドイツではユダヤ人を迫害し、大量に虐殺した結果、ユダヤ人問題が消滅するわけですよね。いなくなっちゃったんですから。残っているユダヤ人も恐くてドイツに住まない。差別をなくしたっていうのもありますけど、もうドイツ人を信用してないから住まないんですよね。

この経験があるから、いま、ヨーロッパの人は民族浄化が正義だとは考えない。それどころか民族浄化、〈民族ごとの政府〉を作ろうとすることこそが大量の暴力を引き起こすっていう非常に強い教訓を得ているわけです。だからこそ旧ユーゴスラビアのセルビアで強制収容所が作られる（＊4）と、激しく反発する。こうして〈民族ごとの政府〉だけじゃダメだ、ときには人権とか民主主義とかの方が大事なんだ、っていう考えが出てくるわけです。

――ええ。

藤原　ただね、民族より人権だって議論は、ヨーロッパの外、アジアやアフリカから見ると、すっきりとは受けとめられない。だって、ヨーロッパの植民地にされ、政府も経済も外から押しつけられてたとこから、やっとのことで〈民族ごとの政府〉を作ったわけですからね。こういうとこでは、うちの〈民族＝国民〉は伝統があるんだ、立派な文化を持ってるんだってことを、国語の教育とか歴史教育とかで教え込んでいく。実際にはヨーロッパと同じように、〈民族ごとの政府〉を作る過程で内戦とか戦争が起こります。インドネシアとかコンゴで起こってる紛争はそんな文化的な問題からも理解できるでしょう。ルワンダ、ウガンダ、コンゴ（＊5）といった地域も国民国家ではないわけで、民族が混在している状態から民族の国家を作っていくプロセスが紛争を生み出すわけです。

国家の条件②――〈民族〉から〈民主主義〉へ

ところがアメリカやヨーロッパは、そんな紛争に対しても人権と民主主義が第一だよっていうふうに、〈市民＝国民〉という立場から批判するわけです。でもね、ヨーロッパみたいに〈民族ごとの政府〉を作ったあとで民主化が進むんなら話はすっきりするけれど、まだ国民国家もなにもないとこに向かって、民族じゃなくてデモクラシーだよって言っても問題は解決しない。むしろちょうど民族っていう基準を立てた国際関係が動いたときと同じように、この新しいデモクラシーという基準を当てはめることで、またまた新しい紛争がたくさん生まれる危険があります。

——ああ、なるほど。その前に民族自決の原則が導入されて紛争が増えちゃったみたいに、新しい原則も紛争要因になっちゃうわけですね。システムを入れ替えるときに単純に力学的にクラッシュが起こるという理屈で、デモクラシーと民族自決がぶつかっちゃう。

藤原　そうです。デモクラシーを基準にする世界が西欧の押しつけだっていうふうにぼくは考えない。デモクラシーがいいか悪いかじゃなくて、新しい基準で国際関係を組み立てようとすると、その前の国際関係との間に大きな軋轢《あつれき》がどうしたって生じる。そこの問題です。

民主化って言葉自体が曖昧でわかりにくいわけですが、ここでは世界各地の独裁政権が倒れて民主主義に変わる過程、分けていえば普通選挙、複数政党制、それに議会政治が定着する過程というふうに考えましょう。そんな政府を持っているところは、第二次世界大戦後、良きにつけ悪しきにつけ、ほとんどアメリカと西ヨーロッパだけだった。それ以外には日本とかインドとかメキシコですけど、どれも例外的で、ヨーロッパからすると想像できないような特徴があるわけです。インドでも日本でも長期政権がずーっと続いて、政権交代はほとんどない。この時期にはデモクラシーっていうのはほとんどが豊かな資本主義国の制度だっていう現実があるんで、世界全体を民主化するなんて無理無理、話になりようがなかった。

　ところが七〇年代に南ヨーロッパでスペインやポルトガルの独裁政権が崩壊（＊6）して、八〇年代になるとラテン・アメリカの軍事政権が崩壊（＊7）して、さらに東南アジア、たとえばフィリピンではマルコス政権が倒され（＊8）、そして韓国の軍事政権（全斗煥《チョンドゥファン》）は八八年に倒れます。こうやって民主化が進む。世界にデモクラシーが拡大するっていう現象が起こるわけです。だから世界の民主化って言うとき、冷戦終結よりちょっと前から進んでいた世界各地の独裁政権の崩壊っていう現実を見ないといけない。

　ここでアメリカは、デモクラシーが増えたのはアメリカの政策の結果だっていうふうに読み替えちゃうんです。そしてデモクラシーを増やすと世界が平和になる、って議論が出てきちゃう。これは考え方としては前に言ったカントの平和論の、まあ、現代版みたいなものなんですけど、安定したデモクラシーの国の間では戦争が起こったためしがない、デモクラシーはお互いに戦争しないっていう議論（＊9）で、当時は国際政治の学者の中で盛んに議論したんです。クリントン政権のときにはこの議論が大統領の演説にまで登場しちゃった。NED（全米民主主義基金）（＊10）っていう民主化を支援するための半政府機関も旧ソ連、東欧諸国の民主化支援にがんばります。民主化支援がアメリカの大きな政策になったわけです。

　これで事態がややこしくなって、イラクの問題にもつながってくる。九〇年代には中東の民主化の一環としてイラクへの戦争を考える主張が何回となくアメリカから行われます。あまりに空想的なので、日本では――日本に限らないですけどね――まともに受け取らなかった人がたくさんいると思いますけど、あれ、たぶん本気ですよ。

――かわいそうな人たちを独裁という暴力から救うっていうよいことをしてるつもりで、実際には爆弾を落とす。ちょっと考えればめちゃくちゃ。

藤原　それが恐いところなんです。

アメリカが世界を民主化しているなんて大間違い

――ようするに現実には七〇年代から、アメリカのおかげでも誰に命令されたわけでもなく、自分たちの力で独裁政権を倒し、民主化を獲得していった国があったと。言われてみればそのとおりで、アメリカって本当にご都合主義で歴史を書き換えてるなあと思ったんですが（笑）。その民主化っていうのは世界的なトレンドとしてあったものなんだけど、アメリカはそこに乗じて、自分たちの手柄だって言い張ってるわけで。

藤原　うん。ヨーロッパを例にとれば、ＥＵ（欧州連合）は人権保障を加盟の条件として課してますけど、これは国家の資格として民主主義を要求してるに等しいでしょ。だけどこれがアメリカの押しつけだなんて考えない。というのはヨーロッパの人たちは自分たちが民主化を達成したっていう、ほとんど傲然たる自信をもってるわけですよ。実際、アメリカが民主化を支援してきた、とはとても言えない。フィリピンのマルコスを追放したとき、レーガン大統領はマルコスを支援する側にまわっていたわけで、国内でマルコスを追放する運動が激化したので、ワシントンはその事実を認めざるを得なくなっていく。韓国の八八年の軍政崩壊も、アメリカの政策の結果とは言えません。アメリカから見れば、北朝鮮に対抗する政府ならデモクラシーじゃなくてもよかった。インドネシアのスハルト政権の崩壊は九七年の通貨危機による経済的混乱が引き金になりますが、それでもワシントンが壊したわけじゃない。この辺の民主化の例は、どれも国内の要因から説明できます。
――ですよね。しかも独裁が倒れて、民主政治が育っていくというのは、非常に長い時間をかけた、遅々たる過程なわけですよね。そこに住んでいる人たちが実感として独裁よりは民主主義の方がいいやって選び取っていった。それをワシントンが押しつけたって片付けるのって、そういう内発的な一人一人の努力を無視しているというか。

藤原　そうそう。だから、アメリカに民主主義って言われると、なんだ？　って思う人が多いと思います。でもここで気をつけなきゃいけないのは、デモクラシーはアメリカの押しつけだとか西欧的な概念だっていうふうに切り捨ててしまうと、これはこれで別の単純化に陥るっていうことなんですよ。日本だと、デモクラシーが押しつけられることへの反発が自民党から社民党まで広く見られるんですが、それはかなり日本的な事情を反映してるんですね。もっと言っちゃうと、日本にデモクラシーがあると思ってないんじゃないかな。

——はっはっはっは。

藤原　日本は結局冷戦期にアメリカと手を結んだ保守勢力によって政治が支えられたわけで、この保守勢力はアメリカの力を必要としていたけれども、民主政治なんていう理念を必要としていたわけじゃありませんからね。日本では親米リベラルっていう政治的な立場はごく少なくて、反米リベラルと親米保守ばっかり。親米勢力っていうのはデモクラシーとか人権とかいった概念にあまり関心のない保守勢力だった。デモクラシーっていう理念をアメリカと共有していると言う人がいるとすれば、冷戦でアメリカと同じ側に立っているだけの意味だった。

——反共ってだけですね。

藤原 反共ってだけなんです。そのためにかえってこの問題のむずかしさが日本にいると見えないのかもしれない。でも、ヨーロッパの外でも民主化はやっぱり起こったんですよ。アメリカのおかげってわけじゃなくて、ね。

民主化に必要なのは内側の反政府運動だ

ただ、アメリカの外交イデオロギーにこの民主主義が入ってきて、イラクでは中東民主化の第一歩と称する戦争さえやっちゃった。とうとう民主主義を〈押しつける〉戦争を始めちゃったわけです。冷戦期にも民主化推進ってありましたけど、その民主主義はようするに共産主義じゃないってことで、基本は力関係ですね。冷戦のもとでは最後には力関係で抑え込まれてますから理念が先走りするような政策って追求できない。いくらソ連で人権弾圧があったとしても、その人たちの声は政策には活かされなかった——ソ連を倒すためには戦争を覚悟しなきゃならなかったから。それがいま変わっちゃった。各国で民主化が進んだという事実と、民主化のための戦争なんていう、すごいことをアメリカができるような軍事的条件が整ったこと、このふたつがスクラムを組んで、民主主義の世界を作るなんていう途方もない政策を議論できるようになっちゃったわけです。

――冷戦のときはダブル・スタンダードって非難されるくらい、有言不実行、口で言ってるだけのときもあったんだけど、いまは構造が変化して、アメリカが軍事的に本当に強いから本気で実践できそうな気がしてきちゃった。

藤原　ええ。いま、世界地図をご覧になると、議会制民主主義をとっていない政府はいくつかの地域に集中しています。それが中東とアフリカなんですね。もうひとつが東アジア、つまり中国、北朝鮮とベトナムです。

――全部、ヤバいっていうか紛争地図とかで火柱が立ってそうなところですね。

藤原　そうなんですよ。中東でアメリカにとって大切なのはイスラエル。この国はアメリカ人から見れば、同じデモクラシーなのに独裁政権に囲まれて不安な状況に置かれている。イスラエルを安全な状態に変える手段としては、なによりもアラブ諸国に議会制民主主義を広げることだ、っていうことになる。イスラエルのために中東を民主化しなくちゃいけない。もう、押しつけそのものです。

アメリカが民主化を進めるならけっこうじゃないかっていう意見もあるでしょう。でも外からの民主化では政府さえうまく作れない。民主化した諸国では、その過程は基本的に国内から生まれ、民主化を進めた運動が新しい政府の主体になってくる。で、多くの場合、前の政府との違いはあまりなくて、フィリピンでもインドネシアでもそうですけれども、独裁者は追放されても同じ人が政府に残ったりする。だけど制度的には議会制民主主義がとられるっていう変化です。でも、ともかくその社会のなかで民主化を求めるグループはあった。そういう反政府グループがないとこで民主化っていう話をしてもあんまり意味ないんです。そしてアラブ地域でそんな反政府運動が少しでもあったとすれば、それは西欧的なデモクラシーを求める運動であるよりは、むしろイスラームを掲げて権力に対抗する運動の方が多かった。西欧的な意味での民主化じゃないわけですよ。もう、アメリカ政府の思い込みと地域の現実が、まったくズレてるわけ。

問題は民主主義でなく、その押しつけ

そんなとこに民主化を求めるのは、国内に基盤がないのに、外から政府を押しつけることにすぎませんから、これは民主化どころかコロニアリズム（植民地主義）そのものです。そして、ちょうど十字軍と同じ問題が生まれてしまう。十字軍の場合は教皇が戦争を指示しました。異教徒の排斥と、それから教会から見てキリスト教の信仰を大切にしない王国・王権に対しての戦争をやってよいと指示する。この十字軍はやってる方は解放のつもりかもしれ

ないけど、実際には侵略そのものです。イラク戦争は国内に受け皿があるかどうかは問題にしないで、デモクラシーじゃない政府を潰す戦争です。もう、本当に極端な政策ですけど、アメリカから見ればそうした民主化を求める声がこの地域にないのは、これは独裁政権によって弾圧されているからだ、ということになっちゃう。

——あぁー、自分たちに都合のいい解釈をしちゃう。

藤原　アメリカが入ってって独裁政権を倒せば、みんな喜んで民主主義を作るだろうって、そういう議論で押し切るわけです。もちろん現実を見ればおわかりのように、そうはならない。イラクは簡単にいえば五〇年代末の南ベトナムの繰り返しになっていて、アメリカ人の兵隊は歓迎されるどころか毎日のように殺されてますね。民主化を求める声なんて浮かび上がってこない。

つまりね、問題なのは民主主義じゃなくて、思い込みで民主化を押しつけるという政策なんです。デモクラシーが政府の資格、という考えは、ぼくは間違ってはいないと思う。シンガポールとかマレーシアとか、人権やデモクラシーの押しつけに反対する政府は、実は自分たちの権力と既得権を守ろうとしてるだけだと言ってもいい。でも民主化はなによりも国内社会から生まれるものであって、外から押しつけるような政策は正しくもないし、成功もしないでしょう。

他者という問題――寛容こそがデモクラシーだ

その意味で、世界を構成する原理みたいなものがいま変わりつつあって、しかもその原理が非常に教条的に硬直した形で適用されるためにあらたな紛争を招いているんじゃないかと思うんですよ。皮肉なことに、デモクラシーは本来、さまざまな考え方や利益を持った人間が、戦わないで共存するっていう特徴もあったわけですよね。そんな、他者を認めることって言えばいいんでしょうか、他者性の承認が消えてしまった。ドイツの「フランクフルター・アルゲマイネ」紙にハーバーマスとデリダが共同で書いた文章がそこんとこをうまく書いてました。ヨーロッパは他者に対する不寛容と戦争の時代を経て、デモクラシーをつかみ取っていったんだ、と言うんです。ハーバーマスとデリダの二人が一緒に書く（＊11）ってのがもう驚きですけれども。

――大批判し合ってたくせに（笑）。

藤原 二人とも、他者を排除し、違うものを排除したら大変なことになるっていうわけです。ひとつの原則による世界の構築への憂慮っていえばいいんでしょうか。ふつうですとね、伝統文化とか、地域の特性とか、そんなところからデモクラシーの押しつけに反論する人が多いんだけど、この二人が言ってるのはそうじゃなくて、人権とかデモクラシーの普遍性を前提にしながら他者を排除したら、デモクラシーの意味がなくなっちゃうっていう議論です。ぼくにはすごく説得力がありました。

ぼくはデモクラシーのなかには普遍的な原理がいくつも含まれていると考えます。デモクラシーは西洋のものだと切り捨てることはぼくはできない。でも、なかから育ってきたデモクラシーじゃなくて、外から押しつけ始めるときに、デモクラシーは帝国主義そのものになっちゃうんです。アメリカ社会の文化的・宗教的多元性に背を向けて、キリスト教とアングロサクソンの文化の優位を平然と重視する大統領が民主化のための戦争って言うわけでしょ。グロテスクだと思う。

——はい。で、そのキリスト教っていうところで、日本だと「やっぱり一神教は不寛容でダメだな」とか大雑把なことを言う人がいますけど、これも違いますよね。

藤原　それじゃキリスト教にかわいそうですよね。キリスト教世界がいつも十字軍をやってたわけじゃありません。どんなイデオロギーでも、その原則に反するものを排除し始めたら、争いになります。デモクラシーの拡大はけっこうなんだけど、そうじゃない政府を武力で倒し始めたら、破滅的な混乱が生まれるということです。

お金持ちのグローバリズム

――もうひとつ、最近気になる動きでグローバリゼーションについてうかがいます。日本では〈国際化〉って言葉はちょっと前までいいものとして受けとめられてましたよね。でも世界だと最近、反グローバリゼーションというのが新しい常識のひとつみたいな感じで定着してます。なかでも一番過激な人たちは、WTOやIMF（国際通貨基金）はアメリカの利益を優先する陰謀機関で、この悪の国際経済システムが第三世界の貧困を生み出しているのだ！　なんて糾弾《きゅうだん》して、デモやってますよね。欧米のロック・ミュージシャンにも反グロの人が多いんですが。これ、本当のところはどうなんでしょうか。日本なんかは貿易立国だから、グローバリゼーションのなかでないと生きていけないと思うんですけど、その一方でテロリストが生まれるのもグローバリゼーションのせいだって言う人さえいますし。考えてると、だんだんよくわからなくなってくるんですが。

藤原　グローバリゼーションっていうのは、各国のそれぞれ独立した国民経済みたいなものは世界市場に吸収され、ひとつの大きな市場ができあがる過程でしょう。これは、なにもしなくてもそっちに行くっていう議論もあるんですが、外から力を加えてそっちに進めろって人もいるわけです。閉ざされた市場からオープンな市場へ変えていくべきだっていう議論です。抑圧的な政治から自由で開放された民主主義に変えてけってのと同じ。

——さっきの流れで続けると、市場がオープンで民主的なら〈進んだ〉国で、そうでないと〈遅れてる〉、ヘタすると遅れててかわいそうとか野蛮。で野蛮なやつらは近代化してやれ、という。

藤原　そうそう。外からその国の政治や経済を変えちゃうという議論ですから、当然反対が出てきます。経済でいえば、グローバリゼーションは各国独自の経済を壊すものだ、アメリカ以外の国の経済をアメリカの〈周辺〉として組み込んでしまうものだって批判されてます。そもそもグローバリゼーションの原型は、先進工業国のなかの新自由主義（＊12）っていう流れ、イギリスのサッチャー首相やレーガン大統領が進めた規制緩和などにあるわけですけど、これに対しても市場から自分たちの生活を守る手段をどんどん奪っていくものだ、っていう批判があります。運動でいえば発展途上国より、むしろ先進国のなかから起こっているものの方が目立って見えると思います。おっしゃったＷＴＯに対するデモとかね。やってるのは大体先進国の人なんですよね。

ただ、じゃあ政治的な不満は先進国の専売特許かというとそうじゃない。二〇〇三年のWTO総会は、非西欧世界、発展途上国、ようするに先進工業国じゃない国からいくつもの批判があって決裂に追い込まれた。それに、グローバリゼーションによって自分たちの生活の安全を脅かされることへの反発は、グローバリゼーション反対っていうやり方じゃなくて、宗教とかナショナリズムと結びついた形でも展開しています。経済のグローバル化が進む一方で、こんなグローバリゼーションに対抗する流れも出てきてるんです。

――それに対抗しようとすると必然的にナショナリズムになっちゃうってのがつらい気がするんですが。

藤原　そうですね、政治でも経済でも、お金持ちのグローバリズム、貧乏人のナショナリズム。どうしたって、豊かな国の社会制度をそうじゃないとこに移転してる、移転するだけじゃなくて押しつけてるっていうイメージがつきまといますね。押しつけを押し返すには、やっぱりその国の一致団結ってことになりますから、国民の伝統とか文化とかが持ち出される。ナショナリズムでしょうね。

グローバリゼーションはアメリカの陰謀、とは言えない

——反グロの人たちは金持ち国が作ったルールが世界の不平等を作為的に生んでいる、先進国の陰謀だ！　と言ってますよね。とくにアメリカの新自由主義の政策のせいだって。それに対して、経済のグローバル化っていうのは客観的な事実なんだ、市場経済はほっといても勝手に拡大してって誰にも止められない、アメリカのせいなんて言いがかりだ、グローバリズム万歳！　っていう反論もあって。

藤原　うん、そこの見方が分かれてますよね。でも、グローバリゼーションがアメリカの陰謀だって言えるのか、そこはちょっと疑問があるんですよ。

ぼくは政治学者だから経済学に偏見があるのかもしれないけど、経済理念っていうのは、そのときどきの経済状況に基づいてそれを大袈裟に書き立ててできあがるように思うんです。で、現在アメリカ経済は確かに強いわけですね、実体経済なんかで見ると勝ち組に入っている。それはアメリカの経済政策にとくに優れたものがあったからということでは必ずしもないし、たぶんいまの市場のなかでアメリカ経済が優位を占めているという現実を投影したものにすぎない。しかしそれをもとにして、アメリカ経済が成功を招いたモデルとして各

国に喧伝《けんでん》されるし、またそれに逆らうものに対して制裁を加えるだけの力をアメリカは持ってるわけです。

ちょっと前に遡ると日本でも日本型経営が礼讃された時代があって。その頃は——グローバリゼーションじゃなくて国際化という言葉が使われましたけれども——国際化が日本に不利なものだとは考えられてなかった。その当時、日本経済が世界で非常に強い地位に立っていたから、経済が世界各地で発展すれば、日本に近いようなものに次第に変わっていくだろうっていう思い込みを持っていたわけです。

——すごい妄想ですよね、いまから考えると。

藤原 でね、これは常に盛者必衰《じょうしゃひっすい》の市場経済のなかでたまたまそのときの勝ち組が、自分たちの思い込みを拡大して、まあ、のぼせあがるっていう現象のひとつなんだとぼくは思います。日本型経営すごい、っていう議論は、ふたつの石油危機を日本が乗り切ったあとに広がるわけですけど、その石油危機を乗り切った人たちは日本型経営がすごいなんてぜんぜん考えてなかった。ただもう、石油危機で日本経済おしまいだと思って、必死にがんばったらうまくいっただけです。いま強く見えるアメリカ経済も、実は日本型経営が世界で一番なんて言ってたときに地道に改革を進めた、その成果が現れてるんじゃないでしょうか。その、アメリカ経済の現在の力がずーっと続くと考えるのはたぶん間違いだと思いますよ。ただし、日本経済がうまくいってたとき、アメリカの経済評論家はそんなものが続くわけないとばかり言ってましたけど、アメリカがこれから衰えるだろうと決めてかかる日本の評論家の議論にも同じ響きを感じます。市場での勝者と敗者って、そんなに決まったものじゃないように思うんです。

でもね、そのときどきの経済状況で誰が優位にあるか、どの国の経済が優位にあるかっていうことと、どのような政策によって国際政治経済を組み立てるのかっていうのはまったく別の問題でしょう。このふたつをごちゃごちゃにしちゃうと、意味がまるでわかんなくなってしまう。そしてグローバリゼーションで具体的に問題になるのは、あとの方、国際政治経済の制度作りの方じゃないでしょうか。

――あの、いまのところに質問なんですけど、でも勝ち組がルールを作るんじゃないんですか？　第二次大戦のあとのＩＭＦとかＧＡＴＴ（関税および貿易に関する一般協定）って基本的にアメリカが作ったって習ったんですが。だから当然、ある程度は影響力があるんじゃ……？

藤原　そう、基本的にはそうでしょうね。勝ち組がルールを作るときには、負け組の方も、勝ち組とともに経済を作ることで、自分たちも勝ち組に加われるっていう誘惑がありますからね。勝ち組と一緒になることでお裾分けをもらうっていう行動を一方で誘発します。だからアメリカがなにもしなくても、アメリカに従う国が出てきます。経済的に強い側に立つっていうことは、その経済的に強い側と一緒になってルールを作っていく方向に入りたがりますから。結局、アメリカの主導するグローバル経済が現在の体制だとすれば、それに対して無益な抵抗をするよりも、なかに入り込んだ方が得だっていう国が出てくるわけでしょ。

勝ち組につきたがるのがグローバリズム

――それは中国がＷＴＯに加盟するためにがんばる、みたいな話ですか？

藤原　えーと、一番いい例は旧ソ連・東欧圏でしょうね。負け組につくのはやめて勝ち組につくわけです。彼らはドイツやフランスなどとは比較にならないぐらい、アメリカの基準を率先して受け入れようとしています。英語もとっても上手。だけどこの現象は、アメリカの政策の正しさとかいった問題じゃない。そのときどきの勝ち組に流れるというだけのことです。それでいえば、日本型経営がもてはやされたときは世界各国が日本型経営のマネをしたわけですから。

——みんなが揃ってカイゼンしたっていうやつですね。

藤原　カイゼンですね。で、この現象と、経済政策の押しつけっていうのは区別しなきゃいけないですよ。

——はい、客観的事実として起こる勝ち組だから、みんなが自発的について行きたがる、という動きと——。

藤原　それと勝ち組がルールを作って押しつけるっていう現象ってのは、たぶん区別しなくちゃいけない。

そして勝ち組がルールを作るっていう現象は、確かにアメリカに関する限り強いんですけれども、それがどこまで効果があるかも実は疑わしい。というのは、経済については、結局経済政策がどこまで実物経済の変化とつながっているのか、そのつながりがいつも怪しいからなんですね。確かにアメリカに有利なルールを作ってますけど、軍事問題とは違って、アメリカは経済ではリソースを独占していません。また、経済のリソースの多くは政府が動員もできないんですね。市場のなかでは政府に従うよりも儲けることの方が大事なわけです。その意味で、グローバリゼーションの拡大とワシントンが当てはめる政策を同じものだと考えるのはたぶん間違いでしょう。アメリカの果たしている役割が誇張されていると思います。

――それはあれですね、ようするにグリーンスパンが風邪をひくと、みたいな言い方をするじゃないですか。日本国内でも財政政策とかでいろいろ作為的にコントロールしようとする。だけれども、必ずしもなにもかもうまくいくわけじゃない。それは市場っていうのには自律的な、へんてこな神の手があるからで。それは世界経済だって同じなんですよね。そのFRB（米連邦準備制度理事会）だかの、陰謀説に出てくる機関がいろいろやろうとしたところで、そうそうシナリオどおりになっているわけではない。

藤原　個々の問題はぼくじゃなくて経済学者が言う問題ですけれども、政府と市場の関わりをめぐることでしょうね。政府が市場に介入することで、よりよい結果がもたらされると考えるのか、それとも政府の市場に対する関与をできる限り小さく抑えるべきだと考えるのかっていうこのふたつの考え方の違いですね。それでいえば、政府の市場への関与を減らす方向で生まれた経済の方が、経済的な力を発揮できた状態が、一九七〇年代の末からほぼ一貫して続いてきているわけで。

――それはさきほどのサッチャー、レーガンの小さな政府と大きな政府――。

藤原　そうそう。新保守主義の問題ですよね。それがいままで続いていて、それを早くやった政府が経済的にも成果が大きかったからそっちに流れてるんだと思いますよ。ワシントンが言ったらどこでも我慢して受け入れるってほど、世界各国が弱くもナイーブでもないとぼくは思います。

グローバル経済は従属構造か

なんでこの話を縷々《るる》しているかと言うと、帝国としてのアメリカを経済的な動機から考える人たちがいて、その人たちはグローバル経済の運営がアメリカの政策の裏にあるって考えるんですが、それには賛成できないからです。この議論の原型は、かつての新植民地主義論、その後七〇年代に広まった従属理論というものです。これは先進工業国に圧倒的に有利な国際貿易の仕組みができあがっていて、当時の言葉でいう〈第三世界〉から利潤が流れ出していくようになっている、という主張です。いわば国際的な階級闘争ですね。いま唱えられているグローバリゼーション論の一翼は、そのような従属理論（＊13）の流れをくむものといっても、そんなに間違いじゃないと思います。

〈南〉の国から世界経済を見ると、この議論はすごく説得力がある。ですが、じゃあ、世界経済からその国の経済を切り離してみたらうまくいくのかっていうと、むしろさかさまでしょう。中国でもベトナムでも、世界市場に向けて経済を開いたあと、経済発展が進みました。世界市場が〈南〉に不利になるように作られているとしても、そこから離れると、なんか独立貧乏、みたいなことになってしまう。

——いまどき鎖国してうまくいってる国はない。北朝鮮とかミャンマーがいい例だと。

藤原　そう。それとは別に、アメリカの外交政策は経済利益で動かされてるっていう解釈もむかしからあります。アメリカ企業の利益とかアメリカ経済の必要とか、そこから発展途上国や第三世界へのアメリカ外交を解釈する。実際に特定の企業が外交を振りまわしたことってあります。チリでアジェンデ政権が倒されたときのＩＴＴ（国際電話電信会社）（＊14）の活動は有名ですし、イラクではチェイニー副大統領と関わりの深いハリバートン社（＊15）が戦後復興の契約をたくさんとりました。利権のためのぶったくり、ですね。

でも、やっぱりこれは軍事領域と経済領域の違いをあまり見ていない議論だと思うんですよ。いまあるのはむしろ軍事領域におけるアメリカの単独行動主義の問題であって、経済ではそこまでのユニラテラリズムっていうのは発揮したくても発揮できないんです、アメリカは。それは軍事に比べると、経済では権力の独占って、そうはできないからです。

日本だと安全保障について見れば、日米同盟第一というのが政府の立場。そのためには、イラクへの戦争が必要だと実は思ってなかったとしても、アメリカの抑止力が必要だからっていうんで、イラクへの戦争に賛成するっていう現象も起こります。しかし、これが経済問題になってくるとね、日本は決してアメリカに従っていません。日米貿易紛争が盛んに争われた七〇年代から八〇年代は、日本は非常に熾烈《しれつ》な権力闘争をアメリカと展開したわけです。経済ではそれができるんです。アメリカのパワーの中心は軍事的なヘゲモニーの方であって、経済においては必ずしもそうとは言えない。このふたつを一緒にしてアメリカのパワーを考えると、たぶんアメリカのパワーを過大評価することになると思います。

グローバリゼーションと貧困

ただグローバリゼーションが進むとなにが起こるかで考えれば、やっぱり富の不平等と貧困、ってことになるでしょう。グローバリゼーションが、もし政府による市場からの撤退、もっと正確にいえば世界市場から国内市場を保護したり、労働政策や社会政策のために財政支出を行うことからの後退であるとすれば、政府の関与によって助けられてきた企業や集団をどうするかっていう問題が生まれます。グローバリゼーションは、いわば裸の資本主義ですから、市場と競争が第一で、富の再配分とか福祉とかは余分になっちゃうわけです。ですから、貧乏な人はもっと貧乏になるかもしれないし、失業手当なんて期待できないし、新自由主義や新保守主義の経済政策によって、よく言う言葉で言えばセーフティ・ネットが奪われてしまう。世界的に見れば、世界の貧困地域への関与から先進工業国が撤退することになります。

──それはそんなところに援助してもなんの得もしないから?

藤原　ですね。もっとも発展途上国への援助の後退に限って言えば、これは経済のグローバリゼーションのためって言うよりは、むしろ冷戦終結の結果じゃないかと思います。冷戦期にはアメリカやソ連から遠く離れた地域でも権力闘争の舞台になりましたから、膨大な経済援助が流れ込んだわけです。基本的には戦略援助です。アメリカはどんなところでも東側／共産圏になったらたまらない、東側にしないためにお金を注ぎ込んでいく。軍事援助も注ぎ込んでいく。コンゴのモブツ政権（＊16）はそのいい例ですし、ケニアのモイ政権（＊17）もそうですね。

ところが冷戦が終わりますとね、お金の流れが止まってしまいます。いまは貸し付けを返さなくちゃいけないせいもあって、お金は北から南じゃなくて、南から北に流れています、逆流しているんです。冷戦戦略のもとで西側に各国をつなぎとめるために流れていったお金まで止まってしまう。とくにアフリカ大陸のサハラ砂漠のなかから南あたりの地域には、外からお金が流れ込むことがなかったら、経済が成り立たないところがたくさんあるわけです。こういうところでは全部経済的な困窮化が進んでしまった。これに干ばつ、飢餓、内戦が襲いかかる構図です。

グローバリゼーションはやっぱり市場経済のロジックに従うばかりで、勝ち組と負け組を絶えず作り出す体制なんですね。だから、この世界的にできあがってしまった負け組をどうするのかっていう問題が出てきます。

グローバリゼーションがテロを生むのか

——で、その負け組の人たちの怨念や怒りが勝ち組に対するテロ行為として顕在化するのだって言う人もいますよね。これはどこまで本当なんでしょうか？

藤原　貧困のためにテロが起こるかというと、そこはちょっと違うみたいです。いま申し上げた中部アフリカみたいな貧窮地帯は、大国の軍事戦略に反対したりテロを起こしたりするような力なんて持ってない。オサマ・ビン・ラディンがサウジアラビア有数の建築業者の家に生まれたことはよく知られてますけど、テロに走る人って、実は中間層やそれより上の出身で、教育も受けていることが多いんです。スーダンとかアフガニスタンなんていうところがテロとつながるのは、アメリカに対して怒っている人が多いからっていうよりも、政府がまるで弱いので、テロ活動の拠点を作りやすいからでしょう。世界の貧窮地帯は、アメリカから富を奪われたからというよりも、世界から見捨てられたまま、自分たちの間で紛争を繰り返して、さらに貧乏になり、ますます死んでいくんだと思います。それがいまアフリカで起こっている現象でしょう。

――いまうかがっているとですね、世の中の問題をすごくマンガ的に、もうなんでもアメリカが悪いんだっていう議論で胸をスッとさせたいところですが、細かく見ていくと、いろんな問題の因果関係はもう本当に複雑ですよね。南北問題は残ってしまってるし、アフリカの貧困はむしろ冷戦が終わって突然援助が止まったことも関係している、そして前にもらった援助や借金をどうやって返していくのかとか、当たり前ですけど、必ずしもいまの世界が混沌《こんとん》を極めてる理由はひとつじゃないということですよね。

藤原　ひとつじゃないですね。ただ冷戦が終結したときに生まれた現象で一番手がつけられてないのが、冷戦終結によって周辺地域がどういう立場に置かれたのかっていうことですね。簡単にいえば見捨てられちゃったわけです。

――ものすごく残酷な現実ですよね。でもその全員がテロリストになるかっていうとそんなに簡単な話でもなくて。

藤原　ないです、ええ。

――語弊のある言い方ですけど、テロリストにすらなれないっていう、本当に容赦《ようしゃ》のない現実が……。

藤原　容赦ないし、もっとリアルなんですよね。で、こういう〈貧乏人〉は、貧乏じゃない地域を攻撃して、脅威になったとき、初めて問題として自覚されるわけですね。もうずーっとむかしからそうで、〈貧乏人〉は怒らないときは無視されるんですよ。ヨーロッパであれば、貧しい産業労働者が集団として膨大な数になった時期があった。数だけじゃ問題にならないけど、彼らが団結して怒りを露にすると、急に〈社会問題〉って呼ばれるようになるわけです、現体制では自分たちの利益は実現されないって。そんな人たちが次の世界を作るんだと思い込んだ場合はコミュニストになるし、また彼らを手なずけないと大変なことになっちゃうと考えた人たちは、社会政策を作って、福祉国家の原型を生むことになる。貧乏なだけじゃなくて、怒ったり運動したり、あるいは犯罪をおかすことで、初めて〈問題〉として認められる。

戦う貧乏人から静かな犠牲者へ

貧しい者が現在の世界を脅かしてるんだっていう恐怖、それから貧しい者こそが次の世界を作るんだっていうアイディアリズム（理想主義）っていうのは随分長い時代、ぼくらとともにあったと思うんです。社会主義思想とかっていうのはそうですよ。

――はい。

藤原　ただ現実を見れば、共産主義の中心となったのは、貧乏な人よりはむしろ現体制に批判的なインテリが中心だったんでしょうね。共産主義は貧困層っていうより知識人の運動だったわけでしょう。ロシア革命を支えた農民は、ようするに戦争がイヤだったからボルシェビキに賛成したわけで、戦争が終わったら、みんな農家に帰っちゃった、レーニンの言うことなんか聞かないで。そのお百姓さんたちはそのあと集団化（＊18）の過程でひどい目にあって、多くの人は死ぬ運命にあるわけです。あるいは中国の例をとっても、まさに農民の革命であったはずの中国革命なのに、農民が政府の言うことをぜんぜん聞かないわけです。それでソ連とはまた違った形ですけれども、大躍進計画（＊19）で何百万、何千万という規模の農民が死んでしまう。社会主義の最大の犠牲者が農民になるってのは、ひどい皮肉です。

現実の貧乏な人は、世界の仕組みに挑戦するなんて、そんな力はない。冷戦のもとでは〈戦略的利益〉なんてもののために外からお金が流れたこともあったけど——もっともそれも政府に入るわけで、別に社会の末端にいったわけじゃありませんが——そんな時代は終わってしまう。そして、貧乏な人が政治的に団結したり立場を表明したりすることがなくなると、貧乏人は怒っているという思い込みが遠のいて、結局貧乏な人たちは働かないから貧乏なんだっていう、これはこれで極端な考え方なんですが、そっちに流れてくわけです。

九・一一があって、それがもう一回ひっくり返って、世界に貧乏な地域を放置しておくと彼らがテロリストになってしまうって言い出した。この議論から出てくるのは、彼らをなんらかの形で自分たちに従うよう軍事的に抑えなくちゃいけない、という発想です。冷戦終結以降ほったらかしにされてきた貧窮地域が軍事的な強制の対象になった。言うこと聞かないとこうなるぞ、って。それでブッシュ政権は片方ではＯＤＡ（政府開発援助）をどんどん増やすって約束した——本当はあんまり増やしてないんですけど。そうした国際的な福祉政策を展開しなければ、やがては不安定が広まってしまう。後者の議論は日本でもよく聞く議論で、それなりに説得力ありそうですよね。でも、いまのように整理すると、貧困への対応とテロへの対応は重ならないと思います。テロを起こさなくても貧困はそれだけで問題なはずなんだけど、そうはならない。なんかほっぺたを噛むような……。

――いやぁリアルな現実というのは。

藤原　ねえ？

――いやーなものですね。

藤原　いやなものです。

――アメリカが全部悪いことにしとけると気がラクなんですけどね。

藤原　アメリカのためにもっと悪くなったって言い方はできるかもしれませんけど、そう、アメリカに関わりなく無情な現実があるわけです。

＊１　**カルボナリ**　１８０６年に結成された秘密結社。急進的立憲自由主義を打ち出し、革命・挫折を繰り返した。１８３１年頃消滅。スパゲティ・カルボナーラは彼らの陣中食だったという説もある。

＊２　**回復されざるイタリア**　イタリア統一後もイタリア系住民が多数派でありながらオーストリア支配下にあったトリエステ、トレントなどの地域を指す。イタリアでは回収運動、イレデンティズムが活発化した。

＊３　**ロマ人**　「ジプシー」という語は差別的とされ、現在はロマ人という呼称が普及。東欧諸国に数多く居住。第二次大戦中、ナチスは絶滅政策をとった。東欧の自由化後、ふたたび迫害の目にあっている。

＊４　**セルビアで強制収容所が作られる**　１９９０年代の旧ユーゴスラビア紛争では対立する民族どうしがそれぞれ激しい民族浄化を行い、強制収容所まで作られた。これらの写真が欧米メディアに流れると、世界的

に非難の声が上がった。

＊5 **ルワンダ、ウガンダ、コンゴ**　中部アフリカで国境を接したこの3国は①複雑に絡み合った民族間の軋轢、②豊富な鉱物資源の利権争い、さらに③旧植民地宗主国の無節操な支援も加わって、戦争も内戦もともに激化するばかり。

＊6 **南ヨーロッパの民主化**　スペインでは1975年の独裁者フランコの死亡を引き金に、ポルトガルでは1968年のサラザール首相の引退以降、それぞれ民主化が進んだ。

＊7 **ラテン・アメリカの軍事政権崩壊**　1980年ペルー、1983年アルゼンチン、1985年ブラジル、1990年チリなど中南米の国々は1980年代にあいついで民政移管した。

＊8 **フィリピン革命**　1986年、21年間続いたマルコス体制を打倒する民衆デモが発生。アキノ政権が誕生した。

＊9 **デモクラシーの国家はお互いに戦争しない**ということを統計的に実証しようとしたのがブルース・ラセット＝イェール大学教授による『パクス・デモクラティア――冷戦後世界への原理』（鴨武彦訳・東京大学出版会・1996）。民主国家は戦争しない、という意味ではないことに注意。

＊10 **NED＝National Endowment for Democracy**　レーガン政権時代の1983年、米国政府の〈民主主義の拡大〉路線にそって設立。近年では北朝鮮脱出者問題にも力を入れ、脱北者を支援する韓国NGOへの資金援助も行っている。

＊11 **ハーバーマスとデリダの共同論文**　邦訳「われわれの戦後復興――ヨーロッパの再生」『世界』2003年8月号。互いに論争歴のある独仏大御所知識人、「対話的理性」ハーバーマスと「脱構築」デリダのあり得ない共演。ラムズフェルド国防長官の「古いヨーロッパ」という言い草に対する反撃と見られる。

＊12 **新自由主義**　国家による経済への過度の介入を避け、個人の自由と責任に基づく競争と市場原理を重視する考え方。政策としては規制緩和、国営企業の民営化、補助金削減などが典型的。1980年代は新保守主義と呼ばれていた。

＊13 **従属理論** 代表的理論家はA・G・フランク、S・アミンら。ラテン・アメリカやアフリカを事例に経済発展論を説いた。

＊14 **ITT** 起こりは電話会社だが、現在はアメリカのコングロマリット。ITTの会長は1973年、米上院外交委員会で、チリ左翼政権樹立を阻止するため米政府に工作を要請した、と証言している。

＊15 **ハリバートン社** チェイニー副大統領が1995年から2000年の間最高経営責任者を務めていた石油関連建設企業。イラク復興に向け、まだ戦闘中なのに大きな受注に成功するなど、ブッシュ政権との関係はかなりきなくさいとされる。

＊16 **コンゴのモブツ政権** 1965年から1997年に失脚するまで続いた独裁政権。周辺国エチオピアやアンゴラが共産主義政権だったため、冷戦中アメリカから多大な援助を受け、腐敗、経済停滞を招いた。

＊17 **ケニアのモイ政権** コンゴと似て、1978年から2002年まで続いた独裁政権。モイ政権期に消えた公金は総計100億ドルと言われるほど。

＊18 **ソ連の農業集団化** 1930年代に村ぐるみで強制的に始められた土地・農具などを共同使用する集団農場。

＊19 **中国の大躍進政策** 1958年に毛沢東がぶちあげた中国型計画経済。ソ連との関係悪化、チベット問題、自然災害などが重なって大失敗。

第4章

冷戦はどうやって終わったのか

資本主義は七〇年代に勝っていた

――これまでは目の前のいろんな問題を見てきたんですが、今度はそもそもなんでこういう世の中になったのかっていうところを考えたいと思います。これまで藤原先生は冷戦が終わってからとか冷戦終結のためにとか何度もおっしゃってますよね。ただ、冷戦が具体的にどうやって終わったのか、どうもぴんと来ないんですよ。これは共産主義に限界があって、資本主義でないと社会は動かないとわかったからなのか。でも、東ドイツもユーゴもソ連も一体なにをきっかけに共産主義国家を下りたのか釈然としないんですよね。戦争もなかったし、選挙もなかった。なんにもなしにずるずるある日、壁が倒れちゃったなぁ、という感じで。なぜ冷戦は終わってしまったのか、なぜ共産主義国家は崩壊したのか、その崩壊にいたるメカニズムというのは一体なんであったのか、っていうところをうかがいたいんですけれども。

藤原　冷戦終結はわかりにくいんですよね。いつ終わったかをめぐって専門家の間でも解釈が分かれてるくらいで。

まず冷戦そのものがわかりにくいんです。だっていろんな次元での対立でしょ。アメリカとソ連が仲が悪いという米ソ対立の問題なら一九四六年頃から悪い。でもその後よくなったり悪くなったりしてるわけです。スターリンの死後、五〇年代の半ばには米ソ関係は少し好転しました。それからアイゼンハワー政権の後半にちょっと悪化して、ケネディの頃、キューバ危機のあとはまたよくなって。七〇年代前半、ニクソンからフォードにかけてはデタント／緊張緩和って呼ばれた時期もありました。つまり振り子みたいによくなったり悪くなったりしてるんです。だから、米ソ関係の緊張、あるいは好転ということだけでは冷戦崩壊の説明ができないんですよね。

もうひとつの軸は資本主義とソ連型の統制経済の対立。冷戦とはこの経済体制の違い、対抗なんだっていう見方ですね。ただ、社会主義経済の行き詰まりっていうのはもう七〇年代の初めにははっきりしているわけです。経済的にはもうこの体制は無理だというのは明確になってきていたわけで、経済体制の競争ということだけでいえば、いわば決着はついちゃってたわけです。

――資本主義対共産主義の決着はもう七〇年代でついていた……。

藤原 ええ。社会主義経済っていろんなのがあって、戦後、計画経済っていうのはどの国でもちょっとずつ取り入れちゃったんですね。資本主義国でも五ヵ年計画ってありますでしょ。そのなかでも、市場経済を全面的に抑え込んじゃった経済、私的所有を否定した経済、これがいわゆる社会主義国の経済ですね。このやり方は、工業化のために大規模に資源を動員するにはかなり機能的で、最初は経済成長率が高いんですよ。

――ソ連も最初はすごいバラ色だったっていうやつですよね。

藤原　そうそう。ただ犠牲も大きい。農業が犠牲になる。前にも触れましたが、ソ連では農業の集団化と飢饉が起こって、それで無理矢理工業を起こしていくことになった。中国でも大躍進政策で大変な犠牲を払って、工業化の方向に移行する。当初はよくても、非常に狭いマーケットに向けてモノを作っていくので、効率が悪いんですよね。高コストの経済なので次第に行き詰まっていくわけです。

冷戦が経済体制の競争だけだったら決着はわかりやすいでしょう。行き詰まった経済体制を変えればいいんですから。中国はもう一九八〇年代から経済体制が大きく変わった。いまや、中国がどういう意味で社会主義国かよくわからないですよね。だけどアジアでヨーロッパと同じ意味で冷戦が終わったというふうに言われていないのは、冷戦が経済体制の問題だけじゃなくて、政府の仕組みのことだってことを示している。やっぱり最後は共産党の支配が倒れないと冷戦は終わらないのか、っていうふうになりそうですよね。

経済がダメだったから冷戦が終わったわけではない

——そうですよね。ただ、当然その経済と政治は因果関係はあるわけですよね。計画経済なり統制なんじゃらかんじゃらってよくわかんないですけど、そういう経済がうまくいってりゃ、そりゃ共産党政権もずっと続いてたはずで。ようするに経済が立ち行かなくなったから政治基盤も危うくなって、最終的に共産党政権が追われるって、そういう順番なんですかね。

藤原　順番はね。ただ、ヨーロッパの冷戦がたまたまソ連の体制崩壊で終わったから、体制が壊れて冷戦が終わったって思われてるわけですけど、冷戦終結の意味ってそのときどきで違うんですよ。

米ソ対立が続いていることが問題だ、核戦争直前のような状態に世界が追い込まれていることが問題だっていう議論からしますとね、米ソの対立が緩和して核兵器の軍拡競争が終わることこ、これこそが冷戦終結だよっていうシナリオになります。これが冷戦終結のひとつめとしましょう。合意によって冷戦を終わらせる、対立から協調へっていうシナリオ。ふたつめはソ連なんて体制が残っているからいかんのだ、と。ああいう体制が続く限り協調はあり得ない、じゃあ変えちゃえ、あるいは倒しちゃえっていう考え方。強制によって、悪の帝国を打倒する、冷戦勝利、っていう考えです。つまり冷戦っていうのは東西の対立を解消して協調させるのが目的なのか、東側ってのは間違ってるから潰しちまえというのが目的なのか。これでもう終結の意味がぜんぜん違うわけ。

――ホントですねえ。われわれはどちらかと言うと後者で認識してますよね。

藤原 でしょ。結果は後者になったんですよ。でも実は時期によってぜんぜん違ってます。ゴルバチョフが書記長になってから国連で一九八八年の冬に演説するんですけど、この時期にはみんな、冷戦終結って言葉を東西対立の終わりっていう意味で使ってたんです。ソ連がなくなるっていう意味じゃないんですよね。米ソの軍拡競争が終わった、と。そういう切った張ったの時代は終わりつつあるんだ、とそういう話。

冷戦の終結の始まりはやっぱりソ連のリーダーシップが変わったことだと思います。八五年にゴルバチョフが書記長になりますよね。指導部に改革派が就任したわけです。アメリカがソ連を抑え込んだから、ソ連が音を上げた、とすっきり解釈する人もいらっしゃるんですが、厳密に見るとそうじゃない。たとえばブレジネフの末期、アンドロポフ、チェルネンコの時期、アメリカのレーガン政権はソ連に圧力をかけながら、交渉も模索しました。レーガンっていうのは軍事優先の政権と思われてますが、圧力をかけたあとで相手と交渉するというスタイルだったんです。脅しと交渉の組み合わせですね。ところが八四年頃、レーガンの提案にソ連はほとんど反応を示していない。脅しても引っ込まないわけですよ。結局脅して相手が引っ込むっていうのは、引っ込むような相手だったっていう前提が必要なわけでしょ。もとのソ連指導部にはそんな柔軟性はなかった。ゴルバチョフが就任したということはこれまでの硬直した路線をソ連の側から変える準備ができてきたっていうことなんですね。

ゴルバチョフの外交革命

ゴルバチョフは書記長になる前、八四年にイギリスを訪問します。それで当時のサッチャー英首相に会って言った言葉が、「イギリスはどのように大英帝国から変わったのか、それについて教わりたい」っていう。

――へえー。

藤原 この言葉でもうサッチャーをつかんじゃうわけですね。サッチャーは回顧録のなかで「この人とだったら仕事ができる／A man we can do business with」って言葉を残してる。ゴルバチョフは、ソ連がそれまでのような帝国から撤退する準備があるぞ、とサッチャーに伝えたわけです。で、サッチャーは随分極端な人ですけど愚かな人ではないですから、これでソ連外交が変わるかもしれない、と見てとるわけです。もちろんゴルバチョフはそれを狙って言うわけですよね。

で、この路線転換って一体なんだったかというと、柱は三つぐらいあって。ひとつはアフガニスタンからの撤退ですね。案外注目されないんですけど、ソ連にとってのアフガニスタンっていうのは、アメリカにとってのベトナム以上に、軍事的にも経済的にも大変な重荷になっていました。勝ち目がないし、する必要がない戦争だし。しかも続ければ続けるほど、対外的な影響力は下がる。退きたいわけですね。だけど退くためにどうしたらいいのか。ヘタに退いて影響力を下げるのは避けたい。そこでアフガンから退けるような状況を作っていかなくちゃいけない。これがひとつめですよね。

ふたつめはアフガンよりもっと大きな問題。東ヨーロッパのソ連の衛星国、さらにその先のアフリカからベトナム、北朝鮮といろんなところの衛星国が、ソ連にとって軍事的にも経済的にも負担だっていう認識があった。で、改革派が言い出したのが、経済的にはアメリカと比較にならないのに、あんな影響圏を保つのは無理だからあれから退け、対外的な関与から手を引くべきだ、と。三つめにはアメリカとの軍拡競争、これがソ連経済に大きな影響を与えすぎて、無理だからやめろと。この三つの課題を抱えてゴルバチョフが出てくるわけです。

ゴルバチョフはなぜ江沢民になれなかったのか

——しかしどうなんですか。たとえばゴルバチョフはなぜ江沢民になれなかったのかっていうのがあって。

藤原 ああ、はいはい。

——でも、ゴルバチョフってどこまで先を見ていたんでしょうか。最後には幽閉されちゃって、かわいそうに本来ならヒーローになれたはずなのに江沢民にもなれず、鄧小平的な柔軟さもなくて、あれれれれっていうイメージがありますよね。改革しようとして自分の居場所がなくなってしまった。イギリスに行って「大英帝国の崩壊のプロセスが知りたい」って言ったときはゴルバチョフの頭にはなにが見えていたんですかね。

藤原 ソ連はね、中国と正反対なんですよね。たとえば鄧小平はチベットからの撤退を考えたことないと思いますよ。江沢民もないでしょう。中国指導部が変えたのは経済なんですよ。経済体制を、もう社会主義経済は無理だから、それを変えるっていうのが鄧小平ですよね。ソ連は逆なんです。経済体制の改革について非常に保守的で、経済体制をヘタに変えるとドカ貧になっちゃうっていう感覚がある。これに関してはゴルバチョフは終始一貫して慎重。で、ここんとこで急進派っていうか、資本主義への移行を制度的に進めるべきだっていうグループが出てくると、もうゴルバチョフも一遍に保守派に分類されるようになったでしょう。ゴルバチョフは政治的に革新派で、経済は保守って言えばいいんでしょうか。帝国からの撤退とか、複数政党制とか、そっちの政治革新の方が先なんです。中国は正反対。

――なるほどね。

藤原　ただ、似ているところがあるとすれば、中国の指導部も、ゴルバチョフも共産党の権力独占を変えようとは思っていなかったでしょう。ゴルバチョフは複数政党制って言ったり、東欧からの撤退っていうことを言っても、共産党が政党として変わることは考えていても、共産党が政権から下りるってことは――。

――そこまでは見えてない。

藤原　見えてない。ぜんぜん見えてない。そのことはどう言ったらいいんでしょうね……中国の経済第一、政治第二みたいなもの、それからゴルバチョフの政治第一、経済第二みたいなところが決定的な違いで。経済開放が避けられなくなったときには、もうゴルバチョフは用済みになっちゃうわけですよね。皮肉ですよね。

――なるほどね。アジア的なリアリズムとヨーロッパ的な観念主義っていう気がすごいしますね。

藤原　うん、ありますあります。

実はアメリカの影響力は一時低下していた

――ということは、ゴルバチョフは経済的なヴィジョンを持てなかったけれども、ある程度の民主化ヴィジョンを持ちつつ、やっぱり少しは変えていかなきゃいけないなってところで、ソ連内部での変化は起きていたわけですよね。そこから一種の冷戦構造の大きな変化っていうのはもう生まれていた。

藤原　生まれていたわけです。八五年にゴルバチョフが登場して喜んだのは、西ドイツ、フランスとかいった諸国です。こういった諸国はアメリカのレーガン政権の非常に強硬な反ソ政策を警戒していたわけですね。やっぱり東西の緊張が高まるとヨーロッパは戦場になっちゃうっていう感覚があるんですよ、アメリカは戦場にならないけど。だからレーガン政権が登場してからドイツやイギリスでも反核運動（＊1）が盛んになりました。日本でもそうでしたが。

それでゴルバチョフが出てくることでやっとソ連の硬直した体制が変わる。東西の緊張をやわらげられるかもしれない、っていう期待が高まるわけです。その結果なにが起こるかっていうと、ゴルバチョフの緊張緩和政策をヨーロッパがアメリカより率先して歓迎していったわけです。で、ワシントンはソ連の政策転換なんて、あんなのは偽ものだ、ゴルバチョフ政権なんか見かけ倒しだ、と考える。それでレーガンはソ連に対する強硬姿勢を崩しません。レイキャビクで米ソ首脳会談（＊2）があったときにも強硬姿勢を崩さない。そうするとソ連は冷戦を終えようとしてるんだけど、アメリカは終えようとしませんよ、と。で、ソ連主導の冷戦終結というのもこの頃に出てるわけです。日本でもどちらかと言うとハト派の人たちが冷戦終結っていうのを喜んで、冷戦は終わるんだと言っていました。新思考外交とか、ゴルバチョフの先見性とかが日本でもてはやされた時代ですね。アメリカは東西の緊張をやめようとしないけれど、ソ連はやめようとしている、えらい、という感覚。

——でも、ソ連としてはそうやんないともたねえぞっていうすごくリアルな感覚があったんですよね。

藤原　そうなんですね。で、このシナリオの決め手が八七年にゴルバチョフがアメリカに行ってＩＮＦ条約（＊3）、つまりヨーロッパを射程におさめた核兵器でアメリカとソ連の間の懸案だったものを全廃する条約に調印します。このあと一年ほど、八七年、八八年にかけてゴルバチョフの時代みたいなもので、この頃アメリカの影響力は下がってるんですよね。平和の使徒ゴルバチョフっていう感じで「新世界秩序を求めて」なんていう演説を国連でしたのもこの頃です。

東欧の堤防決壊

ところがそうしたら、東欧が、あ、そうかソ連がゆるんだんだ、じゃ俺たちもソ連と一緒にいる必要ないじゃん、と考え始めるわけですね。変化が最初に起こるのはハンガリーです。ハンガリーでは共産党政権のまま、あらたな首相が登場して、それまで考えられなかったような改革路線を進めていく。複数政党制を導入して、さらに決定的なのは西側との間の国境の規制をとっぱらうわけです。鉄条網みたいなものをなくしてですね。そうなると社会主義圏の間で人の行き来ができるから、ハンガリーを通れば外に出られるようになっちゃったんです。民間から汎ヨーロッパピクニック計画っていうのも出てきます。

これはハンガリーにピクニックに行こうっていう計画をみんながやってですね。地図で見るとちょうどハンガリーがオーストリアに食い込んで、ここからなら簡単にオーストリアに出られちゃうってところがあるんです。ここのところの規制をゆるめちゃう。あるとき突然なぜかこのドアが開いちゃってみんなでハンガリーに流れ込んでた、とくに東ドイツの人たちがオーストリアに流れ込む事件が起こります。これが結果的には東欧の諸革命の始まりです。

堤防が決壊したおかげで、東ドイツからどんどんハンガリーに流れ、そこからオーストリアに行く。そうすると東ドイツに取り残されている人たちは怒るわけですよね。また東ドイツのなかで西ドイツの情報が得られるようなところと、ドレスデンのまわりのように西ドイツのテレビが入らないところがあります。この人たちは共産主義と独裁にずっと怒ってたわけで、ドレスデンでデモが起こったりする。結局東独は短期間に崩壊しますね。チェコスロバキアはその次に崩壊する。ハンガリーもポーランドももともと自由化が進んでいた国でしたが、ソ連のお墨付きを得ながら自由化を進めていたわけですよね。それが東ドイツやチェコに波及する流れです。ここまではゴルバチョフの想定の範囲内でした。決して反対していたと思わない。

ゴルバチョフは自分の急進性に無自覚だった

ところが問題はその先です。ゴルバチョフはソ連に依存する東側の体制崩壊はいいんですが、ソ連内部に独立運動が波及するのはぜひ避けたかった。東欧諸国がそれぞれ西側との結びつきを強めるのはかまわん、だけどソ連国内に波及してもらっては困る。

それからふたつめに、ゴルバチョフはドイツ統一には徹底して反対です。ドイツが統一されるということになれば、ソ連にとって最大の仮想敵が生まれる。これだけは絶対避けたい。で、ゴルバチョフはこのふたつは避けられると考えていたはずです。

――それは東ドイツが崩壊してもですか？

藤原　崩壊してもですね。

――東ドイツっていう国があらたにできるだけっていう発想なんですか。

藤原　東ドイツの崩壊というよりも、東ドイツの政権の転換なんですよ。八九年の秋になって、ゴルバチョフは東ドイツを訪問します。東ドイツの議長ホーネッカー――これはもうごりごりのスターリン主義者ですけど――彼は、西ドイツには失業者がいるけれども東ドイツは経済成長を誇っている、とかわけのわからないことを言うわけですよね。建国四十周年記念の党大会でそのような発言をしたんですが、これを正面からゴルバチョフが否定します。ホーネッカー（＊4）の言ってることは間違ってる、おまえのような頑迷固陋《がんめいころう》な体制をうちはもう支持しないよ、と公言する。ただ、東ドイツの体制が変われば、西ドイツとの対立も形が変わるだろうし、結局東西共存ができるっていうことなんですよ。ゴルバチョフの方向は、東が変わることで東西共存ということであって、間違っても東がなくなることじゃない。これが〈欧州共通の家〉（＊5）ということの意味ですよ。

——じゃあ柔軟な社会主義体制というか柔軟な共産体制というのを東欧でも実現し、最終的にはソ連でも実現しようって、そういう感じなんですか。

藤原　だから、ユートピアといえばユートピア、無理な話なんですけどね、社会民主主義について当時よく言われた言葉で、社会民主主義って資本主義圏では資本主義を社会主義に近付けるっていうことだけど、共産主義圏では共産主義を資本主義に近付けるっていうことなんだよ、っていう。まんなかにもっていくわけなんです。

——なんでそこに経済っていう発想がなかったんですかね。

藤原　わからなかったんじゃないかな。

——ははははは。おまえマルクス読んでなかったのか、って。

藤原 ひとつにはソ連経済がどこまで弱いか、本当には知らなかったんだろうと思います。

――なるほど、やっていけると思ってたわけですか。

藤原 うん、変化のテンポがわかんなかった。東欧の解体のスピードが予想をはるかに超えていたわけですよね。でも、もうベルリンの壁が倒れちゃったら一挙にいっちゃう。ルーマニアまで変わって、すぐにソ連内、バルト三国でも反乱が起こります。こうなると一九八九年から九〇年にかけての段階で、すでにソ連の国内に政変が波及する可能性が出てきちゃうわけです。八九年の暮れから九〇年にかけてはゴルバチョフが保守派にならざるを得ない状況でした。経済改革を急速に進めることができない、そうしたら壊れちゃう、と思うからです。それに国内の自由化を進めようとすれば、連邦制ですから、ソ連から出てっちゃう連邦共和国が出てくる。これをどう引き止めるか、っていう問題がある。対外的にはドイツの統一をどう阻止するか、っていうことになる。こうして先進的なはずだったゴルバチョフが守りにまわらざるを得なくなったんですね。

――自分のやってる政策の急進性を自分が理解してなかったために、状況の方がどんどんどんどん先にいって、本人が追いついていけないっていう、そういう感じですよね。

藤原 すごく皮肉ですね。歴史っておもしろいですよ。

逃げ出してすぐ座っちゃう〈英雄的人民〉

――たとえば東ドイツの崩壊も、そういう形で窓が開いてしまったと。開いてしまったことによって、情報も人の出入りもどんどんどんどん進んでいってしまう。そうすると東ドイツの体制そのもののナンセンスさっていうのも国民の間で理解されていくと。そうなると、国としてもたなくなる。ただ、どういうプロセスで終わったのかがやっぱりよくわかりません。別に選挙があったわけでも戦争があったわけでもない。なんか知らないけど東西統一されちゃった。あれはどういう仕組みなんですか。

藤原　最終的にはやっぱり人が逃げ出しちゃったっていう形で、事実上の住民投票が行われた、体制不信任が明示されたってことでしょうね。最初はハンガリー新政権の方針でしたが、このあとは民間団体の問題になるわけで、教会などが東独から人が流れてきたら助けよう、という方向になってくる。このとき、ハンガリーとかアメリカとかの政府はほとんど動いていない。アメリカ政府も現状の急激な変化を恐れていた。こういった動きが広がると、東西分断という秩序が壊れて、混乱を生み出すんじゃないかと不安なわけです。ですから、アメリカがどうしたって話じゃなくて、実際に人が逃げ出すことで、政権に対する不信任が明確になり、体制がもたなくなった。突然、何十万人もの集会が各地で沸きあがるとかですね。これ実はね、マルコス体制の崩壊とかスハルト政権の崩壊とか、大体政権崩壊が民主革命で起こるときはこの筋書きと同じですよ。

――日本のような島国だとわかんないですね。

藤原 うーん、日本にいるとデモクラシーとか民主主義にシニカルになるでしょう。アメリカによるデモクラシーの押しつけ、なんてことを言うじゃないですか。でもやっぱりインドネシア、あるいはドイツに行ったりするとアメリカが押しつけてきたなんてとんでもない、俺たちが勝ち取ったんだぞっていう自信があるんですよ。俺たちが集まって政権を不信任してやって、それで俺たちの政府を作ったんだ、ワシントンのおかげなんて冗談じゃねえよ、っていうね。〈俺たちのデモクラシー〉に対する誇りって言うのかな、傲然たる自信ね。これは東欧の方にお会いになると感じられると思う。間違ってもアメリカのおかげなんて言わないですよ。

――なるほどねえ。

藤原 政治を考えるときのポイントは、なにがやむを得ないことで、なにがやむを得ちゃうのかっていう区別だと思うんです。ふつうのおじさんおばさんっていうのは、政治学の先生じゃないから、毎日政治のことなんて喋っていられない。そんな暇なことやってられませんよ。むしろ与えられた状況のなかで我慢して、満足して、いいところだってあるじゃんって思おうとするんです。変えられないものをあだこうだ言ってもしょうがないから我慢して納得しちゃう。ところが、あるとき、変えられないと思ってたものが変えられるとわかると、夢を見るんですね。夢を見ちゃって、これまで我慢してきたのに、突然政治のことを話し始めて、歴史の先頭に飛び出しちゃうわけです。でね、この種の民主化革命のおもしろいところはみんな、ワーッと立ち上がって政権を倒すんだけど、すぐまた座っちゃう。変化は本当にわずかなんです。これまで革命っていうのはロシア革命や中国革命もそうですが、革命で政権が倒れたあとって中心になった連中が独裁を作っちゃうパターンでした。でも八九年の東欧のはみんながワーッと集まって政権を倒して、そしてすぐ消えるんですよ、その権力を倒した〈英雄的な人民〉が、どっか行っちゃうのね。あれが不思議ですねぇ。

アメリカの圧力で冷戦が終わったわけではない

——では、なぜその、冷戦構造が崩壊したのかというと、ようするにどっちもさっちもいかなくなったソ連が結果もわからずに非常に先進的な政治改革をやった。それによって時代が堰《せき》を切ったようにどんどん変わっていってしまった。門を開いちゃったばっかりに東ドイツからも東欧圏からもどんどん、人が出て行っちゃって、国がおぼつかなくなって。もうお手上げ、やめます、みんな、出てかないで！　みたいなそういう感じですよね。とりあえず国のOS（基本ソフト）替えますから……ウィンドウズ替えますから、みたいな。

藤原　はっはっは。

――リナックスにしますから（笑）。

藤原　そうそう。この時点ではまだアメリカの話になってないでしょ。ベルリンの壁を壊すことについても、その前の国境の自由化についても、アメリカは政治工作するどころか、訪れる危機を恐れて、保守的だったわけです。

――ということですよね、いままでのお話を聞いてると。

藤原　ここまではね。間違ってもアメリカの圧力で東が壊れたわけじゃないです。

ただそれと同じ頃にもうひとつ別の筋書きが出てくるんです。冷戦終結のあとの仕組みをどうするのかという問題でね。ちょっと遡りますが、NATO（北大西洋条約機構）はソ連を仮想敵にした同盟でしたよね。ワルシャワ条約機構っていう東側諸国の軍事力、というかようするにソ連軍と向かい合っている。これが冷戦中の構造ですね。

それで冷戦終結期、最初に出てきたのはドイツとフランスが、ロシアとの協議を深めていくっていう構想だった。ドイツといっても西ドイツですね。西ドイツはロシアやフランスとの協議を深めることで、東西の対立を緩和したい。それからフランスはもともとアメリカとの軍事協力には非常に否定的で、たとえばNATOに協力するのをイヤがって脱退したりもしてますし、基本的にヨーロッパ大陸の独自の防衛構想には積極的なんです。

この頃、スウェーデンの首相だったパルメが作った委員会、パルメ委員会っていうのが欧州の新しい安全保障の構想を打ち出していく。これは東西の対立を克服したやり方だと。このやり方は西ドイツにもフランスにも評判がよかった。〈欧州共通の家〉とゴルバチョフが呼ぶことになる構想はここに出てくる。これは大陸部のヨーロッパで東西対立を克服した地域を作ろうっていうことです。これが具体的な形をとるのが全欧州安全保障協力会議（CSCE）（＊6）って言われるものですね。この筋書きだと、アメリカが影響力を持っていた戦略体制が終わります、そして次に変わりますよっていう筋書きですね。こちらの方に動きかけていたのが八八年から八九年、九〇年くらいまでかな。

ところが、アメリカはこれじゃイヤだ、と言い出したんです。NATO第一だぞというふうに言ったら、ヨーロッパの方は、あ、じゃあぼくたちロシアと一緒にやりますから、というふうに離れていきかねない。それだと困るので、NATOという枠のなかでの全欧安保だよって説教するだけのところまで追い込まれてしまった。八八、八九年ていうのはアメリカはそれぐらい弱い立場でした。

湾岸戦争で新しい秩序がはっきりした

ところがこれが劇的に変わっちゃったんですね。決定的な転換点っていうのはやっぱり九一年の湾岸戦争。これでヨーロッパの安全はアメリカの兵隊によるんだっていう方向に大きく変わることになります。

湾岸戦争は直接には、イラクがクウェートへ攻め込んだという事件ですね。イラクというのはもともとアメリカがテコ入れしていた国です。ソ連からもぎ取ったあらたな友好国というね。だからこそ、さまざまな援助をし、イラン・イラク戦争（＊7）のときには、アメリカはイラクの行状には目をつぶってイランに対する攻撃に介入した。イラクが毒ガス作戦をしてることだって当時からわかってたわけでしょ。それをイランがわけのわかんない宣伝をしておると徹底的に罵倒《ばとう》して、あるわけないじゃん、とイラクに肩入れをした。そういう経緯だから、間違ってもこれは正義の戦争なんて話になるわけがない。

ただ、この湾岸戦争はちょうど冷戦後の安全保障とか平和とか戦争とかをどうするかっていうのが争われている一番大事なときに起こったわけですね。最初の頃は、当時の大統領、お父さんの方のブッシュは、石油の供給を確保するためにこのような状況を無視できない、って非常に率直に、大変わかりやすいことを言いました。クウェートってようするに石油の問題なんです。その理屈がわずか数ヵ月のうちに劇的に変わって、新しい世界秩序のための戦争だっていうことになる。

湾岸戦争の特徴のひとつは、米ソ対立を背景にしない初めての戦争だったということです。アメリカとソ連が同じ側に立っている。冷戦の頃は考えられないわけです。で、米ソが同じ側にいるということは、地域紛争に大兵力を駆使できるっていうことです。これまではどんなちっちゃな紛争でも、兵隊を送りすぎると、ソ連が対抗して部隊を送ってくるかもしれない。そしたらエスカレートするからエスカレートしないように兵隊を送れない、と。これがベトナム戦争のジレンマであり朝鮮戦争のジレンマだった。湾岸戦争の場合はそれがない。ソ連もこっち側なんだから、兵隊をたくさん送っても大丈夫、となる。

そしていちばん重要なのは、これは現実の戦争だったということです。同盟とか安全保障とか、いろんな構想を紙の上では考えますけど、結局、誰が誰と実際に戦争するかっていうことで変わっちゃうんですね。ヨーロッパの安全保障とか全欧安保とか言ってみても、米軍がどう動くかっていうこと抜きにはまったく意味がない、そういうドライな現状がはっきりしちゃった。具体的には、米軍がクウェート侵略を許さないという立場をとって、各国の協力を求めます。お父さんのブッシュですから、息子と違って国際主義です。ここでアメリカが国際主義をとらなかったら、冷戦終結でただでさえ孤立化しかねないアメリカがさらに孤立化してしまったでしょう。これは賢かったと思います。ブッシュは国際協力を徹底的に取り付けようとして外交を非常にていねいにやったんですね。

ドイツの決断――「国連もアメリカも」という選択肢

大事だったのはドイツ。湾岸戦争が起こった頃は、ドイツの統一がほぼ認められようとしていた時期でした。でもアメリカの賛成がなければドイツの統一なんてあり得ない。フランスとイギリスとソ連が揃って反対でしたから。で、ドイツの外相ゲンシャーは、ドイツ統一を実現するためにアメリカとの協力を大事にしなくちゃいけない。ただここでひとつ条件をつける。それは国連を持ってこい、っていうことなんです。国連の議決がなければドイツの国内世論が黙ってないよ、と。当時はキリスト教民主同盟が中心の政権でしたけれど、野党にＳＰＤ（ドイツ社会民主党）と緑の党がいます。社会民主党というのはまあ、日本の社会党よりもはるかに強く、しかもハト派ですから国連議決なしには動かない。

それでアメリカは、ドイツのこの要求を受け入れて、国連の安保理に議決をさせました。結果的にはこれが冷戦の終わり方を全部書き換えちゃったんですよ。これが安全保障理事会の六七八号決議っていう非常に有名な、武力行使を事実上容認する決議です。これをもとにドイツは兵力の派遣を含め、アメリカへの協力を決めるわけです。ドイツと、実は日本もそうですけど、国連かアメリカか、っていう選択肢で外交や安全保障を議論してきた国が、国連もアメリカも、っていう組み合わせに直面する。その結果、ハト派の存在意義がなくなる。

ドイツがアメリカとくっつくと、それまでの冷戦後のヨーロッパの安全保障をフランス・ドイツ・ロシアで考えるっていう構想が大きく凋落《ちょうらく》することになります。世界的に見て、本当に戦争ができる軍隊っていうのは一番目と二番目と三番目が全部アメリカ。その次がだいぶ下がってやっとイギリス。それからずーっと下がってフランスって具合で、すごく格差があるんです。結局イギリスを間に置いて、アメリカがヨーロッパと結びつくというＮＡＴＯの仕組み、これが冷戦が終わっても意味があるんだということをまざまざと見せつけることになっちゃった、湾岸戦争にはそういう面もあったんです。ちょっと砂を噛む思いっていうのがありますけど、全欧安保とかいったきれいだけど実現性がはっきりしないものより、現実のこれまでの軍事協力をベースにした作戦で戦争に勝った。

「冷戦はアメリカが勝った」史観の完成

この頃からだんだんに、冷戦終結っていうのはソ連が負けて、アメリカが勝ったお話なんだってことになってきます。それまでは、勝ち負けじゃなかったんですよ。八八年頃は冷戦が終わるっていうのはバカなケンカが終わるって話であって、どっちが勝った負けたじゃない。単純に切った張ったの時代が終わったっていう話だったんです。それが九一年頃になると、アメリカの勝ちっていう話に変わっちゃう。いま、東欧の諸革命、湾岸戦争って順番に追ってきましたけど、そうしたアメリカが勝ったという見方の決定打になったのがソ連の解体ですよね。ゴルバチョフがクリミアに幽閉されて、最終的にはソ連の解体を生み出す。九一年十二月ですが、これで、もうこれはソ連が解体したっていう形で冷戦が終わったんだ、となる。冷戦終結の解釈の変化が完成するわけですね。東西の合意とか協力じゃなくて、東側の瓦解であり、西側の封じ込め政策の勝利である。アメリカが果敢にソ連を追い込んだから、ソ連に圧力を加え続けたレーガン大統領が英明だったから、ソ連が音を上げた、ソ連が壊れたんだ、っていう見方がそのあとの冷戦終結の解釈を全部支配することになっちゃったんです。

——実際には別にアメリカが追い込んだわけではなくて。

藤原　ないない。でもこれで〈合意による〉冷戦終結じゃなくて、〈正義による〉冷戦終結へと、時代の解釈ががらっと変わっちゃうわけですよ。一九九二年頃になると、ちゃんと脅したから冷戦が終わったんだ、じゃあ中国も脅せばいいじゃん、っていうのに変わっちゃうわけです。これだと冷戦の主役はソ連じゃなくてアメリカだったってことになる。ハト派がいたから冷戦が終わったんじゃなくてタカ派のおかげで終わったことになる。印象がぜんぜん違いますよね。同じできごとでも解釈がこんなに変わるわけです。

EUはドイツを抑えるためでもある

——そうすると基本的に政治的に経済的にもたないっていう歴史的必然が生み出しただけなんだけど、いろいろなアクシデントで、まあアメリカの勝利みたいな見え方になってしまって、それがいまだに続いているという、そういうことなんですね。非常によくわかりました。

というのも本来なら、冷戦が終われば平和が訪れそうなものじゃないですか。アメリカとソ連という対立構造が壊れて、みんな同じ価値観をもった資本主義社会によって、世界はうまくオペレーションされていく。戦争も起きない、みんな幸せ。地域紛争が起きればそれは国連で解決すりゃあいいじゃん。ってそういうふうになるはずだったのに、なぜならなかったのかっていうと、冷戦の崩壊の仕方が非常にいびつなものになってしまったっていうのもすごい大きいんですね。

藤原 そうですね。冷戦が終わったことじゃなくて、こういう終わり方をしたことがあとあと尾を引いたって言えばいいのかな。

ただ、冷戦後の世界をどう構築するかっていう青写真はいろいろ作られてました。そのひとつがヨーロッパ統合ですよね。統合を進めて欧州連合にしていく、EC（欧州共同体）をEUに変えていこうっていうことですけど、厳密にいうと、最初は西ヨーロッパのなかで経済統合を進めて、グローバル化する経済のなかで基盤を保持できるようにしようという、そっちの方が先です。東側を入れるって話じゃないんです。

西ヨーロッパでは経済統合を進めてEC圏全体を強めるという政策が八五年からとられて

たんですが、たまたま冷戦も終わっちゃった、さぁどうしましょうってことになった。でも、通貨統合を進めて、西ヨーロッパ諸国の経済をさらに一体にするわけですから、経済体制が違う東ヨーロッパを入れるのは無理だろうって意見が最初は強い。違う経済体制の国をこれから西側に変えていくっていうだけで膨大なお金が必要ですよ。そんなのイヤだ、うちだけでやるもん、っていう、西側だけで経済統合しちゃうっていう、これが〈深さ第一〉の路線ですね。反対に、ヨーロッパの東西対立がなくなったんだからどんどん広げていこう、という議論もありました。加盟国を増やして、深さよりも広がりを重視しようという〈広がり第一〉の経路ですね。これでヨーロッパ統合の目的が、深さを求めるか広がりを求めるか、ふたつにひきさかれた状態になってしまった。

なかでも一番大きな問題だったのが、ドイツの存在だったんです。東西分裂が終わり、統一されたドイツがまたヨーロッパ諸国の脅威になるかどうか、という問題。アジアでも日本は危険な存在と見られやすいですが、ヨーロッパにおけるドイツに対する警戒心とは比較にならない。ヨーロッパには依然として、ドイツは東西に分かれていたから抑え込めていたっていうドライな〈リアリズム〉がありました。東西ドイツが一緒になったら、これまでヨーロッパの地域協力の枠のなかで協力していたドイツが単独行動に走るんじゃないかっていう恐怖があった。それで結果的に、統一ドイツを飼いならすためのヨーロッパ統合っていう路線に進むんですね。結局、深さでも広さでもない、そのまんなかみたいなところにヨーロッパ構想は収斂《しゅうれん》していった。

どこまでが〈ヨーロッパ〉か

いまにつながる問題としてさらに、ヨーロッパ統合はどこまで広がるの、っていう問題があります。まず、ヨーロッパ統合とはデモクラシーの先進的な政治経済秩序であるっていう条件づけを西側がつけてくる。コンディショナリティ（条件づけ）って言いますが、このハードルをクリアできるやつは入っていいよ、ってことですよね。ハードルを飛び越せそうなポーランドとかハンガリーは「はい！」って手をあげるわけ。まあ、スロバキアとか、うちは独自路線でいくんだって言ったりした国もありますが、最後には大半の国が民主主義っていうハードルを受け入れた。これはアメリカの押しつけっていうより、やっぱりこの政策を受け入れたからでしょ。民主主義を受け入れてヨーロッパ統合は決着する。こっちはいい。

ところが、ヨーロッパはどこまでがヨーロッパかっていう境界線の話が残る。これは非常に残酷できつい問題なんですね。たとえばトルコなんですけど。トルコにデモクラシーがあるかないかということで言えば、ヨーロッパ諸国のような民主化は起こってないって言わざるを得ない。しかしそれ以上にトルコはヨーロッパ世界の外だっていう認識が強いんですよ。で、トルコから見れば、こんなコンディショナリティなんてヨーロッパっていう金持ちクラブの差別と偏見にほかならないってことになるわけですね。

この問題が一番どぎつく現れたのがユーゴスラビア問題です。ドイツのゲンシャー外相が、スロベニアの独立を承認しちゃう。そうしたらクロアチアまでいくだろうっていうことはもう見えている。じゃあ、残ったボスニアはどうなるのか。

スロベニアとクロアチアまではヨーロッパとの共通性が高いけど、あとは知らないよ、というドライな見限りがあるんです。ヨーロッパ統合というのはヨーロッパの東西統合をなんとか果たしたという限りでは、かなりの成果をおさめたと言えます。だけど、ヨーロッパの外との線引きにおいてドライな差別と潜在的な対立を生み出しちゃったって言えますね。

冷戦は戦争を否定しないで終わった

——いま、ヨーロッパの話がありましたけれども、ユーゴやなんかのヨーロッパ的な民族紛争、あそこに最大の加害者としてアメリカがいるかっていうと、どうもそういう構造ではないみたいですねぇ。やっぱりそこはそこなりの戦争が起きる必然性みたいなのがありますよね。結局、非常にラジカルな力の論理だけが冷戦が終わったあとも残ってしまった、という。哲学的にいうと、ああ人間ってもうどうしようもないものなんだなぁっていう。結局は戦争やっちまうんだなぁっていう、そういうニヒルな世界観につながりかねないんですけれども。資本主義と民主主義っていう、世界で一番速くて、誰もがうまく使えるOSになったわけじゃなくて、なんか違うまた別のパワー・ロジックというのが生まれちゃっただけなんだなぁっていう。すごく暗澹《あんたん》たる気持ちになりました。

藤原　大戦争のあとはふつう、戦争を律するようなもの、言い換えれば、国際関係を法や制度において律するような構想ができあがるんですね。十七世紀の三十年戦争、この戦争は人口比でヨーロッパの人が一番死んだひどい戦争ですけど、このあとにウェストファリア条約ができました。ヨーロッパの国際関係を大きく変える初めての条約ですね。それからこれも悲惨な、十八世紀のナポレオン戦争、そのあとにウィーン議定書（＊8）ができます。第一次世界大戦のあと、第二次世界大戦のあとはすべて、国際政治の改変期になるわけです。

なんでそうなるかって言うと、痛い目にあったからですよ。こんな戦争繰り返したら共倒れだからなんとかしなくちゃいかん、と。こうやって戦争の合理性は否定されるわけですね。日本にとっては第二次世界大戦が決定的だと思います。ひどい話ですが、日本は第一次大戦では得をしたから反省しなかった。でも、第二次大戦では痛い目にあったから反省するわけでしょ。

ところが冷戦って戦争なしに終わったんですよ。冷戦はもちろん核戦争の可能性を抱えた体制だったんですけど、結局は核戦争にならずに終わった。このとき起こった戦争は湾岸戦争なんです。短期で終わり、少なくとも多国籍軍側の犠牲者は多くありませんでしたから、戦争が失敗した、戦争って悲惨、って言われるような戦争にはなりません。だから戦争の合理性を否定しないまま、冷戦後っていう時代が始まっちゃったんです。

これは本当に変な話なんです。冷戦が終わるっていうのはソ連圏っていう巨大な権力グループが変わるわけですから、力関係の変化としちゃすごく大きなものだったんですよ。だけど大戦争によって終わらなかったので、あらたな世界を作らなくちゃいけないっていう動機付けが存在しないんですよね。ふつう、大戦争のあとっていうのは復興のためにもあらたな制度を作らなきゃいけなくなるんです。そのぐらい大きな被害がありますから。でも冷戦の場合はそうじゃない。

構想はいろいろ立てられたんですけどね。NATOの組み替え、日米安保の組み替え、それから国連がガリ事務総長に率いられて随分元気だったのもこの頃です。でも、いろんな構想が出たけれども、そんなことする必要ないじゃんって全部紙の上だけで終わっちゃう。それはやはり、あの、これは嫌われる言い方ですけれども、現実の大戦争の被害なしに冷戦後の秩序形成が起こったからだと思います。こんなふうに言うと、じゃあユートピアを実現するには核戦争を起こさなきゃいけないのかっていう、どうもひどい話になりかねないんですが。

言葉を換えて言いますとね、戦争なしに国際関係の仕組みを変えるっていうのは本当にむずかしいことなんです。ことに、小規模で短期の戦争で終わる限りでは戦争という行動は合理的なんだっていうふうに考えられちゃうから、最悪です。もっとざっくり言っちゃうと、戦争やって痛い目にあうような、戦争なんて目的合理性がないんだと思えるときには国際関係の仕組みって大きく変わるんだけど、戦争ってけっこううまくいくじゃん、合理性高い！って思っちゃえるときには変わらないんですよね。というわけで、これだけ大きな変化のはずなのに、なにか単純なリアリズムだけで終わっちゃった。なんかネズミ一匹で終わっちゃう、その仕組みっていうのは、たぶん戦争なしで終わってくれたっていう幸福と不幸だったのではないでしょうか。

＊1　**ドイツ、イギリスの反核運動**　レーガン政権がヨーロッパに対ソ中距離核ミサイル（ＩＮＦ）を配備しようとすると、１９８１年10月西独ボンの30万人反核集会を皮切りに、欧州各地で反核運動が盛り上がった。

＊2　**レイキャビク米ソ首脳会談**　１９８６年、アイスランドの首都でレーガンとゴルバチョフは初めて会談、冷戦終結の第一歩とされるが、実際にはいわゆるスターウォーズ構想をめぐって合意に達せず終わった。

＊3　**ＩＮＦ条約**　中距離核戦力全廃条約。この軍縮交渉は１９８０年代前半にソ連側が打ち切っていたが、ゴルバチョフ登場後、再開。１９８７年に合意が成立した。

＊4　**ホーネッカー東独議長**　東ドイツ最後の議長でスパイを多用した恐怖政治を行った。１９８９年10月7日ゴルバチョフと会談、同18日民主化を求める民衆デモが激化するなか退陣。翌11月9日ベルリンの壁は崩壊する。

＊5　**「欧州共通の家」構想**　１９８９年7月欧州議会総会での演説でゴルバチョフが提唱した。東西ヨーロッパの分断を解消し、ソ連を含めた「大西洋からウラル山脈まで」の大欧州連合を作ろうという考え方。当然だがアメリカは入っていない。

＊6　**全欧州安全保障協力会議（ＣＳＣＥ）**　ヨーロッパの緊張緩和のために１９７５年から継続的に開催された会議。アルバニアを除く東西ヨーロッパとアメリカ、カナダが参加。１９９０年前後、この組織を欧州安保の中心に据えるプランもあった。

＊7　**イラン・イラク戦争**（１９８０〜１９８８）　イラクがイラン国内のイスラム革命による混乱に乗じてイランを攻撃。イスラム政権樹立を懸念する欧米諸国はイラクを支持した。

＊8　**ウィーン議定書**　18世紀末に始まったナポレオンによる全欧州侵攻の戦後処理を話し合ったのが１８１４〜１８１５年のウィーン会議。そこで調印されたウィーン議定書は秩序形成において、大国の利益と勢力均衡を優先した。

第5章　日本の平和主義は時代遅れなのか

平和主義は理想主義か

――こうやって冷戦の終わり方を整理していただいたわけなんですが、一番気になるのは日本にとってそれがどんな意味があるのかっていうことです。一九九〇年代半ばくらいから、戦後日本の平和主義をカッコ悪いものとしてとらえる風潮がどんどん強まってると思うんです。一国平和主義とか平和ボケという言葉もそうですが、〈護憲派〉もすっかり蔑称《べっしょう》になっちゃってますし。で、確かに、〈いつか来た道〉で始まるお馴染みの反戦ロジックには限界があるんだろうと思うんです。極端なことを言えば、ミサイル防衛だのミニ・ニュークだの言ってる時代に、戦争になったからって、それ徴兵制だ！　国民総動員だ！　と本当になるかなあ、とかね。でもその一方で、じゃあ、どこでもいいから自衛隊出しちゃえ、とか、日本は平和主義やめます！　戦争オプションもオッケーになりました！　なんて明るく言われると、そんなに安易に進めていいわけないだろうとも思うんですよ。倫理的な問題もありますけど、論理的必然性もわかるようでわからない。

藤原さんの考えられる、プラグマティックな平和主義では、この問題はどう考えればいいんでしょうか。憲法九条を軸とした日本の平和主義は、世界の構造が変わったら、もう古い、時代遅れのものになってしまうのか。平和主義について教えていただきたいのですが。

藤原　そうですね、じゃあまず、日本の話に入る前に、平和主義ってどういう考え方なのかを少し整理してみましょう。平和主義といっても、大きく分けて、戦争で兵器を制限すべきだっていう考え方と、戦争そのものを否定する考え方があります。そのふたつで随分違いますね。

前者、戦争についての制限とか兵器の制限でいえば、そりゃ必要だって考える国が多くなったと思います。戦争の規模がきわめて大きくなってしまったために戦争のルールをさまざまに設けようとする。そうしたルールを作って戦争の被害を食い止めようとする考え方は、現在の世界では広く受け入れられていると思います。

たとえば赤十字がついた車を攻撃しない。捕虜を虐待しない、というルールもあります。確かに戦争がエスカレートしたら、捕虜虐待しないなんてきれいごとだというわけで虐待が起こることはある。捕虜を虐待しないなんて決めたジュネーヴ条約は西欧の考え方だ、「俺たちは関係ないんだ」って開き直ることもできないわけじゃない。実際に第二次世界大戦中の日本軍は捕虜を虐待しましたし、これがまた戦後大きな問題になったわけです。

でも簡単には無視できない。そんなルールをなくすと戦争の被害が大きくなりすぎるからです。捕虜虐待の禁止は、自分の捕虜を虐待されないよう、相手の捕虜も虐待しないっていうことですよね。でも、戦争制限は人道主義とか理想主義じゃなくて、戦争のルールの問題なんです。赤十字を作ったデュナン（＊1）も戦争の廃絶を考えていたわけではない。戦争の悲惨な部分、たとえば傷病兵がほっとかれて死んじゃうとかってことをなくすだけです。

――いわば対症療法ですよね。戦争という悲惨による被害を緩和していくっていう。

藤原　被害の緩和ですね。もうひとつ、兵器の制限もあります。これは兵器を減らしちゃう軍縮と、持てる兵器の量に上限を決める軍備管理があります。軍縮の大きな試みといえば第一次世界大戦後のワシントン海軍軍縮会議（＊2）とかロンドン海軍軍縮会議（＊3）。ここでは出席国は実際に艦船の量を制限したり、削減したりして、日本も新しく作った戦艦をこれで廃棄しています。

第二次世界大戦後になると問題は核に移ります。核の軍備管理がなんとか動き始めたのが六〇年代に入っての、前にお話しした核不拡散（ＮＰＴ）。これも核を持ってない国に広がらないように、という話ですから核を持ってる国に対する制約としては不十分です。その後、七〇年代に入ると米ソのデタントって言われる時代に、軍備管理が少し始まりました。ＳＡＬＴ（＊4）、戦略兵器制限交渉または制限条約が進みます。こういった戦争や兵器を制限する考えが一方にあって、いまでも地雷禁止なんて試みが続いています。

平和主義の限界

戦争そのものの否定はこれとまた違うもので、いわゆる平和主義っていうのは、こっちの方でしょう。伝統的には宗教をベースにしたものが多くて。仏教で殺戮《さつりく》しちゃいけないですよね、キリスト教でも人殺しはいけない。大体殺人を肯定する宗教なんて、ねえ？

――せっせと人を殺しましょうっていう宗教はないわけで。

藤原 ないわけですよね。プロテスタントのなかからは徹底した非暴力主義・平和主義が生まれましたし、アメリカに渡った人々のなかにもこうした人々がいました。その流れは二十世紀にも生きています。しかし、異なる宗教に対する戦争が正当化されることも実に多い。キリスト教についてもイスラムについてもそうですね。ですから宗教と戦争の関わりってのは一本筋じゃない。

で、現代の社会思想というべき自由主義と社会主義でも、戦争の否定が大きな柱になっていました。自由主義者から見ると、戦争とは国王が自分が戦争で死なないのをいいことに、多くの人から生命を奪い、税金を奪うものなわけです。だから自由主義者は、重税と兵役というふたつの点で、戦争はダメだという。独立したときのアメリカが常設の軍隊に否定的な態度をとっていたのも自由主義の影響と言っていいでしょう。

また、社会主義も戦争には批判的で、そこから支持も得てきた。社会主義者からすると、戦争っていうのは資本家のための戦い、金持ちが自分たちのために勝手にやるもので、被害を受けるのは貧乏人でありプロレタリアート（労働者階級）であり農民。第一次世界大戦のあとも社会主義運動がヨーロッパ地域に広まりますが、支持された理由のひとつは平和主義との結合だったと言っていいでしょう。

ただここで宗教とまったく同じ問題が出てくるわけで、自由主義も社会主義も戦争を肯定する面がある。フランス革命でいえば、革命を守るためには、自分たちの生命を投げ出して戦う人が出てくるわけでしょ。で、この人たちは雇い兵、傭兵などとは違って、自分の生命とフランスの存続を同じものだと考えて、自分が死ぬことを覚悟で戦っちゃう。強いんですよ、軍隊が。だから自由主義っていうのはヘタをすれば戦争を抑制するどころか、むしろこれまで以上に強い軍隊を生み出したということになる。フランス革命はそれでがんばるわけです。だってナポレオンの戦い方なんて、くさびの形の陣形をとって、すごいスピードで相手陣地に踏み込んでいくんです。軍事的には合理的ですけど、兵隊としては死ぬ覚悟じゃないとできない。

――へーえ。

藤原　社会主義者も、第一次世界大戦が始まると祖国の防衛を社会主義より優先しました。ソ連にしたって、社会主義の防衛という名目でかつてのロシア以上に領土を広げます。平和主義どころか、とっても好戦的です。というわけで、戦争を否定するはずの自由主義と社会主義でも、自分たちを守る戦争は強く肯定する。ぜんぜん平和的じゃない。

――だから当たり前のことですけど、自由主義も社会主義も論理的に必ず反戦になるわけじゃない。けっこう、ご都合主義的な〈反戦〉なわけですよね。むしろ、相手が自分たちにとって悪玉だってことになったら、正義の戦争っていう大義名分までついてきちゃう。

藤原　になります。それに、正戦論のとこでも言いましたけど、戦争の否定っていうのは諸刃の剣なんです。アメリカという、戦争を否定してきたはずの国家でも、防衛のためには無限に暴力を肯定する。これをもっと広げて言うと、戦争の違法化が正戦と裏表だっていう、前に言ったとこに出てきます。違法な戦争を行う者に対しては戦うべきだっていうことになる。

――戦争という悪を憎んでたはずなのに、結果的に〈戦争を起こす悪いやつ〉を相手に正義の戦争を自分たちから始めてしまう。

藤原　うん、だからね、戦争の否定は武器の放棄につながるとは限らないんですよ。戦争が違法だから、その違法な戦争を起こすやつは武力で退治すべきだってことになる。

――そうなってくると、軍隊なんて二度と持ちませんと言っている、日本の非武装中立論はかなりラジカルな思想ですよね。

藤原　そう、武器を放棄する平和主義っていうのは、平和主義のなかでも一番極端です。丸腰になって、敵に対する脅しをやめるわけですからね。なにされてもしょうがないっていう危険に身を置いてでも戦争を否定するわけです。この考えは、やっぱり戦争に負けて、もう戦争はこりごりってとこから広がったんでしょう。日本に限らず、平和主義が生まれるのは戦争の正当性を疑う人が増えたときですから。日清戦争のあとの平和主義ってないわけです。

戦後民主主義と憲法

ぼくは日本の憲法は、日本人が主体的に作ったものだとは思いません。同時に、この憲法を変えることが賢明だとも思わないです、と、最初にまずバーンと言っておきますね。もちろん日本国憲法の草案がいくつも作られて、その草案のなかには日本人が作った草案がいくつもあった（＊5）ことは承知しています。

――ああ、そういえばそうですね。

藤原　はい。アメリカが一方的に押しつけた憲法だって言っちゃうと、日本人が作った憲法草案と、それがもたらしたインパクトを無視する議論に聞こえるかもしれない。しかし日本人が作った草案にしたところで、戦争で日本が負けて、軍部と天皇による支配が破られなければ出てきようもなかったわけでしょ。結局戦争で軍国主義の政府が倒されたから、ようやく発言が可能になったわけで。しかも発言と言っても、連合国の占領に正面から逆らうような言論は許されず、たとえば占領下では広島の原爆について書くことはできなかった。としますと、仮に日本人が参加したと言っても、その参加を可能にした条件もひっくるめて、やはり敗戦という状況なしには考えられないんです。だとしますとね、この日本国憲法は、やはり占領下において作られたものであって、日本が主体的に作ったものにはならないでしょう。

ところが、日本人が自分たちの手で作った憲法は大日本帝国憲法で、アメリカから与えられた日本国憲法はそれよりはるかに民主的だった。それが〈与えられた民主主義〉の傷ですよね。自分たちでは自分たちの政府を作ることができなかった。これはつらい。デモクラシーは自分たちの力で作るはずなのに、日本の場合、そうではなくて、外の勢力によって与えられた。

この経緯のせいで、いろんな議論が出てきます。そのひとつが、われわれはアメリカに対してこの憲法を守ってるんだ、っていう議論です。日本国憲法を作ったアメリカも、冷戦が始まると日本を再武装するという方向に変わっていった、だけど日本の市民は再武装に対して自らの手で憲法を守ってきたんだってわけです。アメリカに対抗する護憲運動は実際にありましたけど、これだけを見ると憲法はアメリカが作ったという事実を無視することになる。自分たちが憲法を守ってることを主張することで、その憲法を自分たちが作れなかった傷を覆い隠すわけです。アメリカによって解放された面は見ないわけ。

外から見た日本国憲法

では外から見たときに日本国憲法ってどういう役割を持っていたのか。それはもう、軍国主義の排除です。日本は武器を侵略戦争のために使った国だ、そんな侵略戦争を将来起こすことができないよう武装解除しなくちゃいけない。これが憲法九条のなによりもの目的ですね。ですからほかの国にも広げるべき理念といったことじゃない。

——あ、もともと日本専用なんですね。

藤原 そう、日本には必要な平和憲法というわけです。日本は軍国主義に走っちゃったから武装解除が必要だけども、たとえばアメリカやイギリスみたいに軍国主義とは無縁で自由世界を守った勢力は、武装解除を必要としないという理屈ですね。ここには、悪い政府は軍隊持っちゃいけないけれどもよい政府は持っていい、っていう発想があります。

でも、外はそうでも、日本の国内ではそのように受け取られたわけではない。日本は平和主義をとり、武器を持たない国家となることを誓った。本来は日本以外の国々もこの立場をとるべきなんだけれども、日本はまず率先してこの立場をとることにした、非武装と中立という立場を世界に広めていくのが日本の使命だっていう議論ですね。それは一方では戦後日本が戦前とは違う原理に従うという宣言でもあり、同時に自分たちが大東亜共栄圏とは別の意味で世界史の先頭に立って世界平和を実現するんだという満足感を与えてくれる。実際にはほかの国はともかく軍国主義の日本には武装解除が必要だったっていうドライな認識があるんですが、そこは無視するわけです。

——その認識の内外格差ってもうどうしようもないほど大きいですよね。旧社会党とか共産党的な見方からすると、憲法九条の日本の平和主義というのは世界に先駆けてる、先進的で進んでるってことになる。そういうふうに教育されてから外国に留学すると、ぜんぜん違う話が常識になっていてびっくりしちゃう――。

藤原　そうなんですよ。欧米やアジアに行くと、日本の平和主義なんて誰も知らない。

――日本は自ら進んで平和主義を選んだ国だなんて、まったく思われてないですよね。むしろアジアの野蛮人ぐらいな。

藤原　そう、それで外国から帰った人は、憲法九条っていうのは時代遅れだ、日本専用だよっていうことを言うようになるわけですね。

――アメリカ留学組に多い。若きネオコンって言われるような人たちですね。

藤原　そうそう、そして国際政治の学者のかなりの数は、平和主義を突き詰めて考えるよりも、日本の議論を世界標準に合わせるようにがんばることになっちゃった。

――あの、かなりシニカルに聞こえる話になってますけれど、じゃ憲法は実際にはどういう役割を果たしてたんでしょうか。

藤原　戦後で言いますと、一種の国際条約という側面があったと思います。つまり、日本は憲法九条によって非武装っていう路線を採択して、これからはほかの国にとって危険な存在にならないっていうことを宣言した。日本は軍国主義を解除したから、ほかの国も戦後日本を承認しますよっていう条件みたいなもので、ドイツと日本がそれを課せられたんですね。ドイツの場合はそもそもボン基本法（＊6）っていう形で、憲法すら長らくできなかったわけ。

だけど、その軍国主義の解除については国によって随分違いがありました。アメリカは日本の体制を大きく変えたあと、冷戦が始まると戦略的な重要地域として日本の再武装を進めていきたかった。自分の作った憲法を自分で制約したくなるわけですよ。

アメリカ以外の地域では、韓国やフィリピンをはじめ、日本の再武装に対する警戒が強かった。日米両方を敵にまわしかねない中国はもっとそうです。ただこれらの諸国も、日米安保条約には一目おいていた。安保条約は、日本の軍隊は米軍と一緒に行動するという仕組みですが、外国にはこれが日本の軍事行動をアメリカが抑え込むものに映るわけですね。これが〈ビンのフタ〉という議論です。日米安全保障条約は、日本の軍国主義を抑え込むための手段であるという考え方です。キッシンジャーが訪中した一九七一年、当時の中国の指導者、周恩来は実際にその意味の発言をしたそうです。

〈安保条約〉対〈憲法〉の図式

ですから外から見ますと、日本国憲法と日米安保条約のふたつが日本の軍事行動を抑え込むものであり、あえていえば、憲法よりも安保条約こそが日本の軍事的な単独行動を抑えていると考えた。もちろん憲法九条を大切にする日本人がいることを知っている外国人もいたとは思いますが、その数はわれわれが考えているよりはるかに少ない。まあ、アメリカが抑えてるから日本の軍国主義も暴走しないっていう感覚です。日本のなかに軍国主義を抑える考えがあるとは思われていない。

こうして見ると、日本の内と外で認識のギャップがこれほど大きいことに茫然とします。日本国内では安保と憲法は対立関係にあると見られていた。日本非武装という前提に立っている日本国憲法を踏みにじって冷戦下のアメリカは日本の再軍備を進め、集団安全保障のなかで日米がともに行動する図式を作った。それが六〇年の新安保条約です。ここでは、安保条約は日本を戦争への道に誘う、再武装を促進する側のもの、憲法っていうのは軍備を廃棄する側っていうことになりますから、〈安保対憲法〉という図式になるわけですね。憲法問題と平和問題は、日本の国内で見るか外から見るかでぜんぜん意味が違ってきちゃいます。

憲法でいいますとね、憲法改正の阻止が平和主義の主張だと考えられてますよね。

――はい。

藤原　もし日本が平和主義を本気で貫きたいなら、平和主義に基づく憲法を自分たちで作ればすっきりします。しかし話はそうはならない。だって、野党が政権をとることはありそうもなかったから。日本国憲法を支持するのはなによりも社会党と共産党であって、社会党と共産党が一緒になって、過半数の議席をとる可能性はほとんどなかった。でも、野党が一緒になれば三分の一の議席はとれる。つまり――。

――ああ。

藤原　そう、政権はとれないけど、憲法改正は阻止できるわけです。これが憲法も安保も、っていう状態を支えるわけです。安保条約の廃棄っていうのは新しい政権ができない限りあり得ない。でも憲法改正は阻止できたんですよ。

――責任とか関係なしに、ひたすら反対すればいいんですもんね。

藤原　だから、革新が保守になっちゃった。憲法改正の阻止は、野党勢力の国会における議席の分布を反映した政治目標だったということにもなりそうですよね。

――結果的に見てみると。

藤原　結果的にね。世論から見ますと、日本にとってアメリカは最大の市場であって、しかも軍事問題については米軍の役割に大きく頼っている。とすると日米関係がおかしくなったら、毎日の生活にさしつかえてしまう。だから安保に反対っていうのは、これは大学生でもない限り、ふつうの議論じゃない。でも同時に、自分たちが前の戦争で痛い目にあったから、世論は平和も望んでるわけで、戦争なんてこりごりだと思ってるから日本国憲法はやはり大事だということになる。憲法に対しても安保に対しても支持率が高い、憲法も安保もっていう状況が生まれます。

――外から見ると、それはすごく異様な……ぜんぜん違うロジックのものが両立していることになりますよね。片方で戦争放棄して、一方で軍国主義を抑えるけど再軍備を進めている。

藤原　安保に反対しないし、憲法も変えない。それが戦後政治の仕組みなんでしょうかね。ちょっとなんか、きついこと言ってますけど。

日本とナチスは違うのか

――なんでそれがそのまま来られたんですか？　たとえば国連の敵国条項だと日本が悪いん

だ、って書いてある。別にこれは人種差別だとか、名誉回復を訴えたいっていうんじゃなくて、素朴な疑問としてですね。ナチス・ドイツと大日本帝国の軍部は悪いものなんだっていう認識はもう完全にグローバル・スタンダードっていうか、欧米でもアジアでもまったくタカ派でもなんでもないふつうの人の常識になってるわけじゃないですか。それをね、これだけ世界標準を輸入することに熱心な国がなぜ輸入しなかったんでしょうか？

藤原 日本に輸入される言論はとても選択的なんですよ。入ってこない議論もたくさんあります。日本は、軍国主義国だから民主化が必要になったんだ、侵略したからこそ武装解除も憲法九条も必要だったんだなんて、そういう解釈があることを知っている日本人はどれぐらいいるんでしょうか。平和日本を貫くため、アメリカに抗して憲法を守ってきたって言う人は多いでしょうけどね。それにいまだと、日本は戦争に負けたから敗戦国として不当に屈辱的な条件を飲まされた、戦争に負けただけでそんなことをするのは正当じゃないなんて、そんな議論を受け入れる人も多いんじゃないでしょうか。どっちの議論も、実は戦争責任って問題には目を向けてないんです。また国際連合について言えば、国際連合っていうのはようするに大戦中の連合国のことなんだ、旧敵国条項は勝者の論理にすぎないなんて、そっちの解釈ばっかり、みんな聞きたがるんです。

みんなが聞きたがらないのは、連合国は新しい世界の理念を背負った側だ、デモクラシーを守るために戦ったんだ、戦後世界に国際連合を築く主体になるのは当然だと自分たちで考えていることでしょう。日本はただの敵国ではなくて軍国主義国であり、侵略者であり、多くの人々の生命、人権や自由を奪う悪役だと見られていることには目を向けてないんでしょうね。もちろん、その旧連合国の側にはそれなりの日本への偏見もあるし、あっちが正しいとは限らないんですが、それにしても日本の内外ではすごいギャップがあります。

戦後ドイツの場合は、この外からの非難から身をかわすなんてできないわけです。そこでいう戦争責任は、なによりも侵略者としての責任、ドイツ人じゃない人を殺した責任になるわけで、ハリウッド映画に出てくるナチのステレオタイプからドイツは逃がしてもらえない。それが日本だと、あの苦しい戦争を日本国民に経験させた責任の方が国内では議論される。日本軍に対する残虐性の告発、日本への偏見も含めた〈殺し屋日本〉のステレオタイプは海外ではたくさん出てますけど、日本ではまず見ることないでしょう？　戦時の日本がどれほど悪役に見られ、伝えられてるのか、知られてないと思いますよ。もっとも、一般の世論からしますと、敗戦を屈辱として受けとめた人が本当に多かったのか、わかりませんけど。

――ああ、一般市民はむしろ戦争が終わって、やれやれほっとしたぐらいな。

藤原 そう、戦争で死ぬ必要がなくなったっていう解放感の方が先でしょうね。戦後の暮らしも厳しかったので、どうやって生きていくかっていう苦しさの方が先だったんでしょうね。敗戦を屈辱だと思うのは、やっぱりインテリの自尊心が言わせるわざでしょう。ホントは、自分たちの力では民主主義を作ることができなかった、軍国主義と侵略戦争を防ぐことができなかったっていう痛みがあって当然だとぼくは思いますけどね、そこの責任を感じてるかどうか、ちょっと疑問です。

自分たちの〈安全第一〉――日本の平和主義

――そうしますと、日本の憲法九条っていうのは軍国主義ニッポンがもう暴走しないよう歯止めとして作られた側面があるのは否めない。私たちは〈憲法〉というくらいだからすごく普遍的な、未来永劫《えいごう》の真理みたいにとらえがちだけど、そして実際にもとらえられてきたけれど、そうではなくて、実際には歴史の流れのなかで生まれた歴史的産物だってことですよね。その意味においてはちょっと世界と事実認識にギャップがあるのかなあ、という。ただもちろん、だからといって結果的にできあがったものが悪いもんではないけれど。

藤原　そうですね。日本の平和主義の特徴にちょっと戻ってみましょうか。ここで平和主義っていうのは、憲法九条を支える考え方っていうことになるんでしょうけど、基本的には二度と戦場になりたくない、武装しないことで戦争にまき込まれることを避けようっていう考え方だったと思います。

よく、憲法九条と非武装中立は世界で初めての実験だっていう言い方をしますよね。でも世界のほかのところにこの実験を広げるような努力をそんなにしたわけじゃない、っていうかぜんぜんしてない。やっぱり日本国内向けの平和主義だった。自分たちの安全を第一にする考え方。その根拠は、第二次世界大戦で日本の多くの人が被害者になったという感覚でしょうね。

ぼくは、この平和主義が偽善だったとは思わない。というのは、戦時中に海外に兵士として行った人間は少数だったからです。多くの人間はむしろ日本の本土に残ってたわけで、その人々にとって戦争とは、なによりも軍事的な社会統制であり、経済生活の厳しさであり、空襲だった。突然街が焼き払われて、多くの人が苦しんで死んでいく、と。日本だけ見る狭い見方には違いないんだけど、多くの人にとってはそれが戦争経験だったことも否定できないと思うんです。そして、戦争で自分たちが、つまり非戦闘員である自分たちが被害者にされるっていう経験が、戦争のイメージの原型になる。何回も何回も繰り返し伝えられるのは、そこのところです。

——八月十五日に必ずやる反戦特番ドラマとかですよね。

藤原 そうそう、たとえば手塚治虫のマンガがいい例でしょう。手塚治虫は阪神空襲を生き延びた人ですけど、手塚のマンガには街が爆弾によって焼き払われる光景が何回となく出てきます。終末のイメージですよね。手塚のマンガには軍人から見た戦争はあまり出てこない。手塚本人が軍人じゃありませんでしたからね。こういう空襲のイメージが戦争の原像になっていった。

——なにか遠くから恐ろしいものが降ってくる。そのせいでイノセントなわれわれは死んでしまう、というイメージ。

藤原 そう、ふつうに暮らしているわれわれが外から、空から兵器によって殺されちゃう。これは阪神空襲も東京大空襲も同じ性格をもったものですけれども、そのなかでも最大の破壊が広島への原爆投下ですね。だから広島のイメージが日本の戦争経験の中核になるわけです。

広島のもつもうひとつの意味は、これがもう一回起こるかも、核戦争が起こるかもしれないっていう恐怖に結びついたこと。そこで広島を繰り返しちゃならないっていうことになる。さっき憲法九条を世界に広げるような運動を日本はしなかったって、ひどく意地悪なことを言いましたけれども、広島に限っては世界に広げろっていう運動になるんですよ。

——ああ、英語になっていくんですもんね、ノーモア・ヒロシマって。憲法九条は知られないけど、ヒロシマ・ナガサキなら誰でも知っている。

藤原　そうそう、核廃絶っていうメッセージになっていく。これを促したのが、ビキニの被曝事件でしょう。ビキニ環礁の水爆実験（＊7）があって、第五福竜丸が被曝しますね。これが日本に一種のパニックを起こして、放射能マグロっていう騒ぎになる。マグロは放射能を浴びてるから食べたらいかんとか、雨にあたると頭がハゲるとか、そういう具体的なところで水爆実験が広島の記憶を呼び覚ますんです。その最たるものが映画の「ゴジラ」ですね。ご存じのように、ゴジラは水爆実験によって生まれた化け物。

——恐竜がよみがえったという。

藤原　そうそう、恐竜がなんか地底からよみがえるっていう。

——水爆の衝撃で、とかいうやつですよね。

藤原　あれです。あの映画じゃ、ゴジラは一遍にパッパッと歩いて東京壊しちゃえばよさそうなのに、そうしないで、東京湾から襲ってきて、街を壊してはまた東京湾に戻ってくんですね。これは空襲のイメージそのものなんですよ。映画のなかの壊された東京も広島そっくり、焼け野原にはなぜか東京に原爆ドームみたいなものもある。映画に出てくる人も、ゴジラっていう奇想天外な怪物をすごく日常的に受けとめるんですよ。「あ、またゴジラ来たんだー」って。

――あ、また空襲だ、みたいな。

藤原　「また疎開か、イヤだなー」なんて科白《せりふ》もあります。疎開してから十年も経ってないときですからね、第二次世界大戦の延長なんですよ。

――実感として感じられる。

藤原　ゴジラも一例だと思いますけれども、将来の核戦争っていうイメージが広島経験と結びついて。広島経験は広島に限定されずに、空襲を経験した人たちのイメージにつながるわけです。こうして、国民がシェアするイメージとしての広島、平和主義のシンボルとしての広島っていうのが浮上することになる。この点だけについては、国際的な広まりを訴えます。ノーモア・ヒロシマであり、核廃絶の運動を展開することになります。

日本の平和主義に欠けていたもの

ただここで抜け落ちていたものが間違いなくあるわけで、そのひとつが戦争における犠牲者として、日本人しか考えていないことですね。たとえば中国とか、あるいはインドネシアでどれだけの人が日本軍の行動によって死んだのかということはほとんど語られていない。この頃は戦争文学が随分現れていた時期ですけれども、野間宏（＊8）、大岡昇平（＊9）、ちょっとあとになって井伏鱒二（＊10）、この人たちは日本兵の視点から書きますけど、日本軍以外の犠牲者はあまり出てこない。このなかにはまらないのが堀田善衞（＊11）で、ジャーナリストの感覚なのか、視点がほかの人よりも広い。彼の『時間』っていう小説では南京大虐殺を中国人の視点から書いています。中国人が主人公で。でも堀田善衞は例外です、小説もあんまり上手とは言えないし。代表的な戦争文学と言っていい、野間宏の『真空地帯』は、自分にとって軍隊がいかに抑圧的な場所だったのか、っていう話です。軍隊が外でなにをしているのかっていう話はほとんど出てこない。

――むしろ自分がつらかった、っていう話なんですね。

藤原　そうそうそう。確かにつらかったと思うけど、それはドイツの経験とかから見るとまったく違うんですよ。向こうはまわりのヨーロッパ諸国から、ドイツ人にこれをやられたあれをやられたっていう非難がガーッと沸き起こるわけです。ドイツにこんなひどいことをされた話として戦争が延々語り継がれるわけ。ドイツ人の戦時戦後の苦労は、まわりからすれば「あそこまでひどいことやったんだからちょっとは苦労したって当たり前だよね」っていう扱いになる。もうぜんぜん違います。

——そういえばドイツ人がどんなにつらかったかっていう映画はあんまり見ないですよね。

藤原　ドイツ人は第二次世界大戦後、日本人と比較にならないぐらい、悲惨な人口移動を経験します。ポーランドからチェコスロバキアから、里帰りというよりは追放されてドイツに帰ってくるんですが、その過程では大変な数の人が亡くなった。また空爆を見ても、ドレスデンは空襲で壊されたのに広島のようにシンボリックな立場を占めることはなかった。死んだドイツ人はナチばっかりじゃありませんが、「まぁ死んでもしょうがない」みたいな冷たいまなざし。ドレスデンについて正面から書いた作家ってぼくの知ってる限りカート・ヴォネガット（＊12）だけでしょうね。ヴォネガットはアメリカ人だから逆にドレスデンをそういう目で見ることができる。だけどドイツ人はドレスデンについて、つい最近まで語ることがなかった。

ドイツ人だからといって、軍人でもなんでもない人間が殺されるいわれはありませんよね。もちろんおまえは自分の命を犠牲にしてナチに対して立ち上がるべきだったんだって、外から言うことはできます。それでいえば広島は軍都だったわけで、中国大陸にも師団が派遣され、宇品《うじな》には火薬工場があり、向かいの江田島には海軍兵学校があった。でも、だからって、みんな殺されてしょうがないとは言えないでしょう。

ヒロシマ

ドレスデンとは逆に、広島が軍都としての経験に向かい合うようになったのは、一九九四年に広島の平和記念館が改装されてからあとでしょう。その前は広島っていう街が戦争にどう関わっていったのか、展示はなかったと思います。日本の戦争責任を考えてないんじゃないかとか、いろんな議論があって、東館になるのかな、入ってすぐのところに展示ができました。やっと入ったっていう感じです。

——あの、それでも足りないって言われてませんか？　ドイツ人の友人が行って来たんですが、なにかが歪んでいるって言ってたんです。核そのものの悲惨さはわかるけれどもなにかストーリーが間違ってる気がするって。

藤原　うん、外国の人でそういう声は多いですよ。アメリカ人がとくに反発しますね。彼らにとっては広島っていうのは正義の戦争の仕上げなんです。それが悪いことだというだけで、びっくり。そして、日本が悪者だっていうことをちゃんと書き込んでないじゃないかと反発する。でもね、アメリカはアメリカで、第二次大戦を正しい戦争としてとらえるあまり、それがどれほど苛酷な殺戮だったのかには目を向けてない。アメリカ人の反発が正しいわけでもないんです。

――そうですね。

藤原　戦争の記憶って、どうしても〈自分たち〉の犠牲に向けられる。その点は日本に限ったことではないかもしれない。

――やっぱりそれぞれの国がどうしても自分たちを正当化してしまう。

藤原　自己正当化が入りますね。でも、この広島というシンボルは非常に強力で、国内の政治党派を問わず、記憶すべきものとして日本のなかで共有されてきたのはたぶん事実でしょう。

――ていうか海外に暮らしたりすると本当にそれしかないっていう感じですよね、世界にアピールできて、説得力を持てる日本の〈武器〉って。

藤原　そうですね、確かに広島だけでしょうね。憲法九条、あるいは安保反対というところでは二の足を踏む人でも、広島のメッセージというところでは団結しちゃう。その意味で平和主義のなかで日本の社会のなかで共有されたものがあるとすれば、なによりも広島というシンボルですよ。

平和運動を利用した吉田ドクトリン

ちょっと記憶とかの問題に深入りしたので、ここで〈安保＋九条〉の構造が具体的な政治の流れのなかでどういう役割を果したかについて話しましょう。第二次大戦後の日本の保守政党から見ますとね、軍事優先という政策は必ずしも望ましくなかった。むしろ経済中心でいきたいわけですね。吉田茂の吉田ドクトリンですね。経済中心で、そのためには軽武装でいきたい。安全保障に関してはアメリカを使うという形にしておきたかった。

——それはもう戦後の国是というか国是として決めたっていうことですよね。軍隊にカネを使わず、経済力をつけていくっていう。

藤原　基本的な路線ですよね。これについては戦前の栄光と誇りはどうするんだっていう右からの反発があり、自衛隊を否定しない再軍備論だっていう左からの反発もあった。だけど、この吉田を中心とした保守本流の議論から見ますと平和運動ってのは必ずしも無駄な存在じゃなかった。

――平和運動は保守派の足を引っ張るものではなかった。

藤原 足を引っ張るものじゃない。むしろアメリカとの交渉では、アメリカが兵器を買えとか安保条約に従う法整備をしろとか言ってくるんですが、そんなときは正面から反論しないで、いや日本には平和運動というややこしいものがあって、これがけっこう世論に支持があるのでなんともなんない、と言い訳にするんですね。

――うーん、政治だなあ。

藤原 野党でも世論でも使っちゃう。六〇年安保のときにハガティー(大統領補佐官)が立ち往生するっていう事件(*13)があって、アイゼンハワー大統領が訪日を中止しますね。これはアメリカにとっては大きな事件だったんです。日本の平和運動とか世論は無視できない、日本の世論がイヤがるような政策を押しつけたら、日本はかえって左に旋回《せんかい》しかねないっていう警戒が生まれるわけです。で、保守本流の政治家はアメリカの要求をかわすためにこれを利用するわけです。吉田から池田(勇人)、さらに佐藤(栄作)、田中(角栄)と、保守本流につながるグループは経済成長第一だったわけで、過度な軍事負担はじゃまなんですよ。もっとも、本人はけっこうどれもタカなんですけどね。池田勇人とかとっても。

——あ、それで死後、実は核容認論者だったとか暴露されたりしてますよね。

藤原　そうそう。ただ経済問題が第一だっていうプラグマティズムを彼らは持っていた。その意味では軍事優先の政策はとらないわけです。

——そうすると、社会党と自民党は、実はアメリカに対して連携プレーだったんでしょうか。反対だ！　って騒いだりしても予定調和的に受け取られていたっていう。

藤原　表面ではすごくぶつかっていますけどね。防衛関係法案なんかが出てくると、表向きは社会党が審議拒否をして、国会に出てこない。で、自民党が単独で強行採決、って具合ですね。でも社会党が国会で騒いだりすることを与党が利用した面があるわけで、そんな与野党協力が七〇年代からあとは表にも出てきます。対米関係が第一だけど重武装の負担は避けるという吉田路線は、社会党や世論の反発を利用することで成立した、って言えるかもしれません。もっとも、岸（信介）派のように安全保障に焦点を当てるグループもあったわけで、自民党全部が経済優先だったわけじゃない。岸、福田（赳夫）、安倍（晋太郎）、と岸派の系譜を見ていくと、小泉純一郎首相は吉田から田中、橋本（龍太郎）にいたる流れと違って、けっこうタカ派の方に属したこともわかります。

自衛隊をなくすという選択肢はなかった

この政党政治の仕組みのなかでは、平和運動は憲法九条に沿って非武装の日本を作っていくっていう話ではなくて、むしろ政府に外から圧力を加えて軍事優先の政治にはしない、憲法の歯止めっていう役割に変わってくる。実際、万年野党的な抵抗政党は歯止めにはなったんですよ。憲法に基づくと称して米軍との協力についてさまざまな法的な規制が加えられた。それが、日本の安全のために米軍を使うけれども、しかし米国との協力を無条件に行わないという結果につながるわけですね。

——結果的に平和運動は経済成長優先路線を支えたっていう?

藤原 そうですね、軍備にはあまり資金を割かないで、米軍との協力範囲も日本に有利なところに限るために平和運動と野党を使った面はあるんでしょうね。一般論としては、非武装こそが本来の路線だっていう議論と、国には戸締まりが必要なんだ、武力がいるじゃないかっていう議論が向かい合ってきたんですけど、実際の役割は非武装中立の実現じゃなくて、日米協力と軽武装を実現することだった。非武装じゃなくて軽武装にとどめる歯止めでしょうか。

ただね、シニカルに言ってしまえば日本列島に軍隊がなかった時期ってなかったんです。そして、米軍が次第に戦力を退いたあとで自衛隊が増えてきますからね。日本と自衛隊をセットにした戦力がこの地域にずっとあったわけであって、問題はそれが増えるか減るかなんですよ。なくなるかどうかっていう原則論とは違う現実が日本で続いてきたと思います。

憲法九条は時代遅れなのか

――いま、憲法改正が必要だって声が強くなってますけど、そこはどうでしょう。

藤原　そう、憲法九条をどう評価するのか、日米安保をどう評価するのかっていうところについて、言った方がいいでしょうね。ぼくは改憲に反対です。

九条をめぐる改憲論はふたつあって、ひとつは安保条約との関係で憲法改正が必要だ、法律上の根拠を自衛隊に与えなければ集団安全保障もなにも成り立たないという議論、ふたつめの議論は、押しつけられた憲法ではなくて、自分たちの憲法を作るべきだっていう自主憲法論ですね。

前者についていえば、現在の政治状況で憲法を改正しても自衛隊の活動を法的に規制するものにはならないと思います。むしろさかさまで、これまで法的に縛られてきた軍隊の――

憲法はもちろんこの存在を否定しているわけですけども――具体的な内閣法制局などが作った法規などによって縛られてきた軍隊の行動がこれまでになく自由に行えるようになる。そのための憲法改正だっていうことになるでしょう。ということは、ここでは、憲法改正による自衛隊の合法化よりも、自衛隊の活動について法的な規制を撤廃することの方が現実の効果だっていうことになります。

――軍隊に対する歯止めがなくなっちゃうわけですよね、安保条約と整合性をつけようとすると。

藤原 そういうことですね。歯止めをつけるんじゃなくて、歯止めを外すための改憲なんです。それに自主憲法論についていえば、占領下に作られた現憲法の方が、日本人が作ったことのはっきりしてる大日本帝国憲法より優れてると私は思ってます。いま議論されている提案を見ると、日本の伝統とか、お父さんお母さんを大事にするとか、おおよそ現在の日本社会で共有されているとは思えない――。

――幻想としての古き良きジャパン礼讃という。

藤原 そう、幻想としてのジャパンが当てはめられているわけですね。これはまるで意味がない。おそらく多くの国民は憲法の人権規範とか統治機構を受け入れていると思います。

で、それを排除するような憲法改正がぼくは必要だとは思わない。でもそれ以上に、憲法改正もなにも、憲法九条による自衛隊の行動の規制そのものがなくなっちゃった。

――といいますと？

藤原　たとえばテロ対策特措法ってありましたね。二〇〇三年七月には対イラクの特措法っていうのができました。ふたつとも、これまで自衛隊に加えられてきた法的な規制を破っちゃったんですよ。だってイラクは極東じゃないし、日本を侵略したわけではない。それでも派兵するってのは、これは憲法も安保条約ももうはるかに超えちゃった事態ですから、憲法の歯止めという段じゃない。具体的に、どのような外交政策や軍事行動が誤っているのかっていうことを示す方が先でしょう。

――原則論ではなくて、どの国がどういう行動をとっているから、日本としてはいつどこでどうすべきか、具体的な問題解決として考えろっていう。

藤原　そう、憲法をベースにした平和主義があまりに実情と離れてしまったため、逆に軍事力に対する過度の楽観主義が広がっちゃった。憲法さえ守れば平和になるなんてお人好しだっていうふうに、平和主義を一蹴して、軍事力による国際関係の安定を過大評価するわけです。脅せばなんとかなる。あるいは脅してすまなければ相手の政府を潰せばいい。これは現実的などころか、現実から離れた希望的選択だと思う。戦後日本の平和主義が原則論中心で、抽象性があったのは事実でしょう。そのため、具体的な紛争を前にすると、対案が出せない。

――これまで具体的に考えたことがないから立ちすくむしかない、「平和になるはずだったのに……」とじっと手を見るみたいなことになってしまう。でなきゃ、「そうか、これまで間違ってたんだ。じゃあ軍備だ、イェー‼」って別の極端に走る……。

藤原　原則論の平和主義がクルッと回転して軍事万能になっちゃう。それが苦しいところです。

自衛隊のＰＫＯ派遣を支持する

――憲法は歯止めになるから、このままキープした方がよい、というのはわかりました。じゃあでも具体的な行動としては、どのようにすればいいんでしょうか。

藤原　具体的な行動として憲法論以前に、自衛隊と米軍との連携はどのような領域でどう必要なのか、明確にすることだと思います。

――それは個別のケースに応じて、何が一番望ましいかっていう。

藤原　そう、個別のケースですけどね。まず問題となるのは極東以外の地域での自衛隊の行動を認めるのか。認めるとすればどのような形でそれを行うのか。いま起こってることは、ワシントンが単独では兵隊を送りたくないところへ向けて、日米関係をよくするために兵隊を送るだけです。それに反対するなら、やはり国連をベースにした平和維持活動（ＰＫＯ）に日本はどう参加するかっていうことをきちんと議論する必要があると思います。

米軍との協力も平和維持活動も同じ問題のようにとらえられてますけれども、まったくの間違いですよね。平和維持活動っていうのは何十万もの兵隊が相手の政府を倒すような活動じゃない。むしろ紛争が続くところで紛争の拡大を抑えながら、戦争がない状態をできる限り長期化させて、その間に安定した政府を作っていくっていう作業でしょう。そのために必要な技術っていうのは、前に申し上げた牛泥棒事件の裁きみたいなもので、地味で些細《ささい》な信頼構築です。兵隊だけ集めても役に立たない。ぼくはカンボジアでの自衛隊の活動を支持しますし、またアンゴラとかに派遣されたことも間違いだったと思わない。だけど、それはたとえばブッシュ大統領が電話してきたから送るということじゃないでしょう。攻め込まれたわけでもないのに軍隊を送るってのは異例なことです。それだけに、国連安保理の要請とか、制度的な枠のなかで行うんじゃなきゃ許してはならない。ところがいまは、そんな枠を外す方向ばかりに向かってます。

——それは活動の指針っていうか目的をぜんぜんわからずにやってる……。

藤原 ええ、むしろ活動が広がれば嬉しいっていうことでしょ。

——そうですよね。しかも活動範囲を広げたいのは単にアメリカ政府にアピールするためっていう目的で——。

藤原 じゃないでしょうか、ええ。アメリカから見てもわれわれから見ても確かに必要な行動には協力すればいいんであって、アメリカに逆らうか従うかっていうことが問題じゃない。だって、日米関係を維持するために兵隊を送るって、筋が違うじゃありませんか。

ドグマの平和から現実の平和へ

——それってそれこそ憲法と反するどころじゃない、逆に——。

藤原 憲法をもち出すまでもなく、まったく論外でしょう?

でも起こってるのはそういう問題です。それですごく現実とズレを感じるんですけど。日本は〈平和〉という色眼鏡をもって世界を見る状態から、一転して軍隊に対する希望的観測でものごとすべてを見る方向にひっくり返っちゃったんですよね。軍隊なかったら平和になるんだっていう極端な平和主義が裏返しになったみたいなね。世の中は危ないんだからガツンとやるしかないっていう。これは逆の軍事崇拝みたいな感じで、教条的ですよね。敵がどう動くのかって考えてないんじゃないかな。

――机上の空論というか、ゲームっぽい。

藤原　ゲームっぽいですよね。イラクの戦争についても戦略の説明をする人はいるんだけど、なにかこう、プラモデルで遊んでる少年が話をするみたいに抽象的なんですよ。外交なんて考えてない。プラモに外交ありませんから。

日本の平和主義ってテーマなのに随分シニカルなことばかり言ってきましたが、それはドグマとしての平和主義をぼくはあんまり信用できないからなんです。世界平和のためにと言えば文句も出ないでしょうが、戦争を避けるためになにができるかなんか考えなくても平和って言葉は言えるんですよ。それに、自分たちが戦争で酷い目にあった、もう戦争はイヤだっていうのはよくわかるんだけど、それだけだったら、自分たちの安全を守るためにはあいつらやっつけなくちゃいけないって立場に簡単にひっくり返るかもしれない。イヤミな言い方をすれば、いま日本に起こっているのは、そんな平和崇拝から軍事崇拝への逆転でしょう。

ぼくは学生運動の世代よりあとに生まれたので、学生時代には反戦平和って言ってた人が平和主義の虚妄なんて言い始めるのをイヤというほど見せつけられました。随分簡単に考えを変えるんだなとむかしは思いましたが、考えてみればこの人たちは前もいまも戦争そのものは見てないいんですよ。あるのは観念だけで、それがひっくり返ったわけ。

何度も言いますけど、平和っていうのはそんな観念よりも具体的な、目の前の戦争をどうするか、戦争になりそうな状況をどうするかって問題なんです。平和主義を守るか守らないかってことよりも、具体的な状況のなかで平和を作る模索が大事だって思ってます。

＊1　**ジャン・アンリ・デュナン**（1828〜1910）赤十字を創立したスイスの実業家。1901年に第一回ノーベル平和賞を受賞した。

＊2　**ワシントン海軍軍縮会議**（1921〜1922）主力艦の保有比率を英米日仏伊で5、5、3、1・67、1・67と規定し、軍拡競争に歯止めをかけようとした。

＊3　**ロンドン海軍軍縮会議**（1930）補助艦の保有を英米日で10、10、7弱と規定したが、日本の軍部が猛反発。

＊4　**SALT＝戦略兵器制限交渉**　1960年代末に始まった米ソ間の軍備管理交渉。戦略兵器の保有数に上限を設定。二国間の安定性強化を目的としていた。1972年に第一次調印。1979年第二次交渉が始まったが米議会が反発し、批准にいたらなかった。

＊5　**日本人が作った憲法草案**　たとえば松本烝治国務大臣らがまとめたが、反動的としてGHQに拒否された

「憲法改正要綱」。ほかに自由党、社会党、共産党、その他民間グループが起草した案もある。

＊6 **ボン基本法**　実質的には西ドイツの戦後〈憲法〉のこと。だが東西ドイツ統一の夢が達成されるまでの暫定的な法であることを強調し、当初、憲法という呼称を避けた。

＊7 **ビキニ原水爆実験**　アメリカは太平洋ビキニ環礁付近で、1946年から1958年まで67回核実験を行った。1954年の水爆実験では日本の漁船第五福竜丸が被曝。帰還後、乗員一人が死亡。日本の反核運動の起爆剤となった。

＊8 **野間宏**（1915〜1991）戦後派の作家。『暗い絵』『青年の環』。

＊9 **大岡昇平**（1909〜1988）同じく戦後派の作家。『野火』『俘虜記』『レイテ戦記』。

＊10 **井伏鱒二**（1899〜1993）『山椒魚』『黒い雨』。

＊11 **堀田善衞**（1918〜1998）『時間』『方丈記私記』。

＊12 **カート・ヴォネガット**（1922〜2007）アメリカの風刺作家。ドレスデン空襲が描かれた作品は『スローターハウス5』（ハヤカワ文庫・1978）。

＊13 **ハガティー大統領補佐官**　1960年安保改定の際、アイゼンハワー大統領訪日準備のため来日したハガティー補佐官は、羽田空港に押し寄せた、何千人もの安保反対のデモ隊に取り囲まれ、身動きがとれなくなった。大統領の訪日は中止された。

第6章

アジアの冷戦を終わらせるには

アジアの冷戦は中国から始まった

――いま、ふつうにテレビ見たり、新聞を読んだりしてる日本人からすると、「北朝鮮恐い。ミサイル飛んでくるぞ、どうしよう」っていう不安感はあって当然だと思うんですね。「拉致なんてされたらそんなもん、怒るに決まってるじゃないか」というのもある。ただ、これまで核拡散の問題や冷戦終焉《しゅうえん》のお話をうかがってると、当たり前ですけど、日本と北朝鮮っていうふたつの国の関係がこじれたっていうだけの話じゃないですよね。核疑惑にしても、金体制の独裁への批判にしても、日本が一人で被害者になってるわけじゃない。全部、世界史的な大きな流れというか構造変化のなかで位置づけられる問題だということがわかります。たとえば日本だと拉致問題の陰になっちゃってますが、東アジア全体からするとむしろ核開発の方が大問題なんだっていう。だからこそ六者協議という大きな枠組みで話が進んでいるわけじゃないですか。ここではそうやって一歩引いて、それから藤原さんのその「軍隊を使わないですむ状況を作る」っていう考え方を踏まえて、日本も含めたアジア全体で、どうやって安心感を持てる環境を作っていけばいいのかということを考えてみたいと思います。まず、アジア全体でなにが起こっているんでしょうか。

藤原　アジアを見ると、まず社会主義国が残ってるでしょ。北朝鮮、中国、それにベトナムとか。体制の違いも、軍事的緊張もまだ続いている。だとすると、冷戦が終わったヨーロッパなんかとは違って、抑止が必要。ということはアメリカを頼りにするしかないってことになるわけです。

——アメリカの軍事力で見張っていくのはまだまだ必要。

藤原　ええ。じゃちょっと時間をいただいて、アジアの冷戦のお話からいきましょう。あの、アジアで冷戦っていうと、どことどこのことだと思います？

——えーと、あらためて聞かれるとむずかしいですね。アメリカと日本対……ロシア、中国。でも中国とロシアの関係もよくわかんないですよね。

藤原　うん、ロシアより中国なんですよ。アジアの冷戦はアメリカと中国の関係が中心にあるんです。

その源は、中国の革命です。すごくごちゃごちゃしてますけど、まず辛亥革命《しんがい》（＊1）が起こって清朝が倒れる、と。それから軍閥とか国民党とか、そのあと、共産党とか、いろんな勢力が出てきて内戦になって、それから日本が攻め込んで、日本負けちゃうとまた内戦になって、最後は共産党が支配する。この過程は中国だけじゃなくてほかのとこにも影響が及んだんです。東南アジアでも、中国人の政治結社が、それも国民党系のものも共産党系のものも両方ともできる。東南アジアの共産党っていうのは、たとえばマラヤ共産党とか、シンガポールにできた南洋共産党とか、中国人が中心になって作られています。また、中国みたいに革命いくぞってんで、朝鮮半島でもベトナムでも共産党をはじめとした運動――これはもちろん中国人の運動ってわけじゃないけど――それが出てきます。中国で起こった革命が、まわりにずっと影響するわけです。

で、とくに朝鮮戦争のあとになると、それをアメリカが抑え込みにかかる。封じ込め政策って言いますけど、ここで封じ込まれるのはなによりも中国革命が地域に及ぼす影響、ってことになります。もちろん中国や北朝鮮の後ろにソ連がいるじゃないかってことになりそうだけど、ソ連はアジアにはそこまで関心ない。

――ああ、そうなんですね。

藤原　ええ。スターリンは朝鮮戦争にも最初は賛成してないし、アメリカと直接争うくらいなら引いちゃった方がいい、という判断です。でも中国は引けない。朝鮮半島も、台湾も、ベトナムも、中国を防衛するための出先だから手を引くわけにはいかないんです。

――そういう、勢力圏を広げてく行動パターンは、ソ連が東欧を衛星国にしたのと違うんですか？

藤原　ヨーロッパの場合、ロシア革命の波及は第一次大戦後の数年で終わってますよね。第二次世界大戦後の東ヨーロッパがなんで社会主義化したかっていうと、ソ連の軍事占領によってであって、革命じゃない。単純にソ連の支配です。でもアジアの場合、もともと独立していない国が多かったせいもあって、それぞれのとこで革命運動が出てくるんですよ。で、革命に反対する政治グループももちろんある。内政はどこも不安定でしたから、どんなふうに独立するか、左寄りか右でいくのか、動乱の時代だったんです。ヨーロッパの場合には結局ソ連がほかの国と妥協すれば、ある協調状態ってできあがるわけですけれども、アジアの場合にはそうじゃない。だから、米ソ関係が落ち着いても冷戦は終わらない。

——そうすると、東欧はソ連の影響力が強いからソ連の指令で変わり得るんだけれども、アジアの場合は中国は中国で、朝鮮は朝鮮で、ベトナムはベトナムでって自立的に革命が起こって、結果としてそれぞれで一人社会主義をやってる。だから冷戦というか対立構造を終わらせるにしても、一国ずつ、関係を変えてかなきゃいけない。

藤原　そう。アジアはモスクワの指示によって動くということには必ずしもならない。だから米ソ関係は六二年のキューバ・ミサイル危機のあと相対的には安定し始めたんですけど、アジアの冷戦の方は安定するどころか、むしろ不安定になってきます。六〇年代の冷戦は、米ソより米中の冷戦の方が中心だった。六四年に中国が核実験をすると、さらに深刻になります。

アジア冷戦は中途半端に終わってしまった

そのアジアでも冷戦は終わった。ただ、終わり方がぜんぜん違うし、中途半端な終わり方なんですよ。ヨーロッパだと、冷戦の終わりは社会主義体制の崩壊でした。アジアの場合は米中接近ですから冷戦時代の緊張と対立が終わるってことで、社会主義体制の方は壊れない。終わったって言っても全部じゃありません。アジアでの冷戦終結は米中対立の終わりっていう意味です。それが一九七一年のキッシンジャー補佐官の北京訪問と、翌年のニクソン訪中。米中対立が変わっても、北朝鮮やベトナムは残るわけです。

——七〇年代がもう終わりの始まりだったんですか?

藤原　はい、六〇年代に激しかった米中対立がとりあえず終わる。簡単にいうと、中国側はソ連とアメリカとふたつの敵を同時に抱えられない。アメリカの方も中国とソ連両方を敵にまわすと不利っていう、そういう判断から和解にいたったたんですけどね。

六〇年代っていうのは米ソ以上に米中の対立が激しかったって、さっき言いましたね。文化大革命（＊2）をしていた中国をアメリカが警戒しますが、中国からすると、アメリカばかりかソ連との対立も抱え、六九年にはダマンスキー島で中ソの軍事衝突（＊3）まで起こった。米ソ両方と対決するのは無理、どっちかと関係を変えるほかはなかったわけです。

アメリカにとっては、当時戦っていたベトナム戦争を朝鮮戦争の二の舞にしないことが絶対だった。ほら、朝鮮戦争は北朝鮮と戦ってるつもりだったのに、三十八度線を越えて進撃したら中国の人民解放軍が介入してきて、実質的に米中戦争になっちゃったわけですね。北朝鮮との戦争なら勝てたのに、中国が出てきたから勝てなかった。ベトナム戦争でも、南ベトナムとの戦争が中国との直接の戦争になるのは避けたい。だけど避けたいということは戦争を拡大できませんから、結局勝てないということになりますね。そこで中国に接近するわけですね。キッシンジャーとかニクソンが中心となって策を練る。

この米中の接近によってなにが起こったかって言うと——国交回復はカーターの時代を待たなきゃいけないんですが——中国はアメリカとの軍事的な対立をひとまず棚上げにする。アメリカも中ソ対立を利用しながらアメリカの利益を確保するっていう方向に変わっていく。おそらくキッシンジャーは、ベトナム戦争から手を引くためじゃなくて、ベトナム戦争に勝つためにやってます。わかりづらいですね。

――わかりづらいです（笑）。

藤原　さっきベトナムにたくさん兵隊を派遣したら中国との戦争に発展しかねないって言いましたね。だからこそベトナムにたくさん兵隊を送ることはできない、そういうジレンマがアメリカにあったわけです。勝ちたい、勝ちたいけど兵隊を送りすぎたら大きな戦争になっちゃう。

そこで中国との関係を安定させたらどうなるでしょうか。もともと中国とベトナムの関係は決してよくない。当時もよくないです。援助は受けているんですけれどもね。中国がベトナムを支援しない状況になってくれれば、ベトナム戦争にアメリカが兵隊をたくさん送り込んでも、大きな戦争、米中戦争に発展することを心配しなくてすみます。つまり中国やベトナムとの関係、大国の関係を切り離して、ベトナムでのびのびと大胆に戦争する、それがキッシンジャーの判断だったんだと思います。

もちろんベトナムで勝つことはできなかった。でも、アメリカの国内世論の圧力もありましたし、ベトナムそのものがもともと独立性が非常に高かったせいもあって、別に米中が近づいたらベトナムが降伏するわけじゃない。とはいえ米中関係は変わった。アメリカにとって中国はトランプのカード、ソ連に対して使うことができるチャイナ・カードになるわけです。ソ連を抑え込むために大々的に関与しなくても、中ソ対立を利用すればいいんだっていうそういう政策です。

――アメリカは中国と戦争になるのを避けたかったから、あえて敵に近づいたっていうことですよね。まさにキッシンジャー的権謀術数《けんぼうじゅっすう》の外交というか。

七〇年代、アメリカに見捨てられたアジア

藤原 この米中の接近は、東アジアの資本主義国に大きな衝撃を与えます。いまの外務省でも記憶されている事件で、米中頭越しの接近ってやつですね。つまり日本を通りすぎちゃった。日本は中国が最大の敵だって言うアメリカ側に与《くみ》していたわけですから、突然はしごを外された状態になる。実際、ニクソン大統領はアメリカがアジアから撤退する方向を打ち出した。グァム・ドクトリンって呼んでます。こうなると、韓国もASEAN(東南アジア諸国連合)各国もアメリカが自分たちを見捨てようとしているんじゃないか、どうしようって考え始める。

ことに韓国が大変、混乱しましてね、米中の接近によって孤立すると考えた韓国・朴正《パクチョン》

熙《ヒ》政権が独自の外交に動いていく。もともと、朴正熙大統領とアメリカの関係はよくなくて、すでにジョンソン政権の頃から在韓米軍を撤退させる構想があった。ニクソン政権になってアメリカは中国に接近しますから、韓国は、もうアメリカに守ってもらえない、どうしよう、ということになる。そこで、外交面では北との関係改善に動き、南北の赤十字会談（＊4）を実現するんですが、国内では反政府運動を抑え込もうと、戒厳令を施行します。維新体制の始まり、七二年ですね。

北朝鮮は逆に元気になっちゃって、アメリカがアジアから撤退して、北朝鮮の影響力が拡大する大きなチャンスになったと考えます。この頃は北朝鮮の内政も変わっていった時代で、まだ若い金正日《キムジョンイル》が権力掌握をすでに始めています。中国から五年、十年遅れて、文化大革命をやっちゃったんですね。北朝鮮の特徴は、その文化大革命の中国みたいに極端な総動員体制がいまにいたるまで続いちゃったことでしょう。拉致事件などが集中して起こるのはこの七〇年代になるわけで、北朝鮮が一番急進化した時代ですね。

――なるほど。守ってくれるアメリカが出ていっちゃって、反動的になってしまったわけですね。その辺はやっぱりヨーロッパとは違いますよね。えーと、それがいまのアジアとどう、つながってくるんでしょうか。

藤原 あ、そうか、いやアジアではこんなふうに冷戦が終わったんだよって話ですけど、ようするに米中接近だけですから、たくさん問題が残ってしまう。韓国の人が、アジアの冷戦なんか終わってないって言うのも当然なんです。アジアでの冷戦の終わり方と残り方をここで整理しときましょうか。

まず、これは社会主義国が倒れて西側に合流する、という終わり方じゃない。そうじゃなくて、社会主義国である中国とアメリカとの関係が変わったという国際関係の変化。それも共通の理念に支えられた友好関係なんてもんじゃない。ソ連を抑え込むために中国を抱き込もうという権謀術数です。権謀術数だから状況の変化によってすぐまた関係は悪化する。それがひとつ。

それにようするに米中だけの接近ですから、中国以外の社会主義国、たとえば北朝鮮やベトナムはどうなるかという問題が残るし、アメリカ以外の西側諸国、たとえば日本や韓国、あるいはフィリピンなんかも、この構図から取り残されてました。で、いま言ったように韓国は動揺するし、同じようにフィリピンなんかでも国内では戒厳令を施行しつつ、対外的にはソ連と国交を結ぶなんて動きが出てくる。それまではアメリカに寄りかかってりゃいいと考えてた国々でも、グァム・ドクトリンのあとはいろいろやんなくちゃいけなくなったわけです。

アメリカにとって中国は敵であり味方である

――じゃ、ソ連の崩壊っていう、いわゆる〈冷戦終結〉の方はどうなんでしょう。アジアにはまったく影響がなかった……わけはないですよね？

藤原　いや、関係ありますよ。っていうか、ソ連が壊れたために、中国との関係がもう一回むずかしくなっちゃった。アメリカにとって中国はソ連を牽制するために重要だったわけです。でもソ連がロシアに変わっちゃったら、手駒として中国を使う意味がなくなる。すると残るのは、まずデモクラシーや人権意識を共有しない共産党独裁の国、しかも軍事大国としての中国ですよね。他方では世界でも数少ない、巨大な市場としての中国がある。そこで、中国は敵なのか味方なのか、軍事的に対抗するのか経済目的のために友好路線でいくのか、このふたつの極の間をアメリカは揺れていくことになります。

――それはクリントン時代、パパ・ブッシュ？

藤原　もう両方、ブッシュ、クリントン時代がそうですよね。

――あれですよね、片方で人権外交で「チベット弾圧、ダメダメ」って言ってて、片方で

「輸出したいんだ俺たちは、市場開け市場開け」って言ってた時代の話ですよね。

藤原 そうですそうです。アメリカでは中国に反対する世論が左右を横断して出てきます。まず右の側に、共産主義国と手を組むなんてとんでもないっていう、冷戦時代のイデオロギーがあります。それに、中国では人口調整のため一人っ子政策がとられ、強制的な断種とか、中絶の強制なんかも行われたんですが、アメリカのキリスト教徒には中絶に反対するグループが強く、中絶は殺人だ、それを進める中国政府は殺人者だってことになる。また中国からやってくる安い工業製品がアメリカの高賃金の労働を脅かしていると言って、労働組合が中国反対にまわる。それとよりリベラルな政治団体は中国の人権弾圧を批判しますよね。こうして中国と手を組むことに対する批判がアメリカにできあがります。しかし他方で、アメリカにとって重要な市場としての中国、という位置づけは変わらない。ワシントンは、やはり中国との間では人権外交のような方法じゃなくて、むしろ〈リアリズム〉に基づいた権謀術数を中心にするっていう路線でした。

ここで日本はどういう位置に立っていたかと言うとですね。本当は、中国との国交回復とか国交正常化を、日本はアメリカよりも早くとろうとしてたんですよ、一九五〇年代に。その背後には、中国を輸出市場に組み込まないと日本経済が成り立たないっていう考えがあった。でも五〇年代の末になるとアメリカの中国に対する厳しい姿勢が明確となって、日本も中国に厳しくなる。六〇年代になると、とくに佐藤政権の下では、中国を仮想敵とする政策がはっきりした。七〇年代に入って、米中が接近、国交回復すると、中国は本当は敵なんだよ、ってワシントンに言い続けるのが日本の仕事になります。中国にだまされちゃいけない、中国は共産国でわれわれは牽制しなくちゃいけない。中国の潜在的脅威を言うことで米軍をアジアにつなぎ止めようってわけです。それは米ソ冷戦が終結する過程でも変わらない。ですから、安保政策だけを見ていると、日本はアジアの緊張を引き下げるよりは、その緊張があることを言い続け、中国の脅威を強く主張する側に立ってたわけです。

日本のばら撒き外交を評価する

でもね、日本の外交は安保政策だけじゃない。経済援助とかを使って、違うこともやってます。

——それはODA問題というか、商社と結託したばら撒き援助とかって最近批判されてるものじゃなくて?

藤原　そうなんですけどね、でもその援助を使って、けっこういろいろやってるんですよ。

たとえばいまね、北朝鮮の脅威とは言うけど、ベトナムの脅威って言わないでしょう？

――まあ、ベトナムってOLがふつうに観光旅行に行くところだし、あと、拉致もしないしミサイルも飛んでこないし。社会主義なのかもしれないけれど、システムがあんなふうな独裁っていう印象は薄いですもんね。

藤原　そう、日本から距離が遠いこともあるけど、ベトナムに近いタイだって、いまじゃベトナムが脅威だなんて言わないでしょう。後ろ盾にソ連がいたことは同じでも、北朝鮮とベトナムの現在はぜんぜん違いますよね。北朝鮮は孤立して暴走してるけど、ベトナムはASEANのメンバーにまでなっている。それはね、すごく乱暴にまとめると、日本外交の成果と言ってもいいと思うんです。

――へえ。

藤原　それじゃ、ベトナム話をちょっとやりましょう。ちょっと遡りますけども、ベトナムはなんとかアメリカに負けないで戦争を終わらせることができた。でも経済もなにもボロボロです。日本はこれを利用しましてね、ベトナムをASEANや日本などの側に引き寄せていこうとする政策を七〇年代に考えた。その道具は経済援助です。戦後の経済再建には資金が必要なベトナムをつかまえて、お金あげますから仲間に入って、と言うわけ。そのためにはASEAN各国の協力も求め、実際、ASEAN各国は七〇年代後半にベトナムとの国交を正常化します。

この政策、ニクソン・ショックへのしっぺ返しだった。日本に断りなくアメリカが中国に接近した仕返しに、戦争が終わったばかりでベトナムには手を出せないアメリカを横目にして、経済援助を与えてベトナムを西側に引き寄せようというわけです。もちろんアメリカは強く批判します。自分たちは手出しができないのを日本が利用しているんですからね。日本が独自の外交を推進するという試みだったんです。

ベトナム、カンボジアでは日本外交は成功した

――よく対米追従ってぼろくそに言われてますけど、外務省も東南アジアでは独自路線を追求してたっていうことですか。

藤原　そうですよ。ただ、このときはうまくいかなかった。まずベトナムが高飛車で、協議になかなか乗ってこない。そしてベトナムがカンボジアを侵略し、そのベトナムを中国が侵略する中越戦争（＊5）が起こりますと、アメリカが日本のベトナム援助構想にも強い圧力をかけてきます。日本はベトナムに接近して中国を抑えようという公算ですが、アメリカは

逆に中国を使ってベトナムを抑えようとしてるわけです。最終的にはソ連のアフガン侵攻が決定的な打撃になって、ベトナム援助計画はいったん消えます。

ただ日本はそのあとも援助でベトナムを引き寄せようということの政策をあきらめなかった。米ソ冷戦が終結に向かい、ソ連の後ろ盾を失ったベトナムが孤立化しようとするとき、もう一度援助外交を復活させたんですね。条件は簡単、援助を出すからカンボジアから手を引けってことです。で、ベトナムはこれを受け入れた。ベトナムの経済はやはりソ連に大きく依存していましたが、それでは先が見えないという判断もあった。そこでもともと資本主義が強かった当時のベトナム南部を中心に、経済改革を進めようとするドイモイ政策が採用されます。もう社会主義じゃダメ、西側と経済交易を深めようって方向です。

――ベトナムのペレストロイカですね。

藤原 ええ。日本、オーストラリアとASEANはこれを利用して、経済援助をえさに、カンボジアのプノンペン政権から兵力を撤退させた。中国にも呼び掛けて、中国もクメール・ルージュ、ポル・ポト派に対する支援から手を引きます。おかげでベトナムと日本やASEANとの関係は好転して、そのあとのASEAN加盟の筋道を作る。カンボジアでいえば、中国とベトナムの代理戦争に振りまわされる状態が終わって、内戦を終わらせる展望も開いた。日本外交が独自の役割を果たした、めずらしい例です。

――そこ、アメリカはまったくコミットしてなかったんですか。

藤原　アメリカはコミットしようとしましたけど、あんまり成功しなかったたって言うべきでしょうね。で、パリの和平合意で――パリ合意ってたくさんあるんですけど――カンボジア和平が最終的に九一年に実現します。明石康さんがＵＮＴＡＣ（国連カンボジア暫定統治機構）の代表に着任したのは翌年の九二年。アメリカと日本を天秤にかけるようにして両方から支持を引き出したのが明石さんです。まだカンボジアの状態は問題ばかりで、九七年に内戦が再発もしましたけど、いまは内戦再発の可能性が遠のいたと言ってもいいでしょう。さらに、カンボジアの実績をもとにＡＳＥＡＮ地域フォーラム（＊6）もでき、ＡＳＥＡＮだけじゃなく東アジアの各国も含む安全保障の協議の場になった。この一連の動きは、日本の、経済援助を道具とする外交だったんです。日本の外交は軍事中心でいくとどうしてもアメリカ依存に傾くけど、資金協力を軸に据えたときはけっこう独自な路線もできるんですよ。

でも北朝鮮はうまくいかなかった

これと対照的にうまくいかなかったのが北朝鮮です。たぶん冷戦終結期のアジアで、一番不安定が増しちゃったところが朝鮮半島でしょう。まず、ソ連が北朝鮮を見限ってしまう。もともと平壌《ピョンヤン》とモスクワはそんなに関係が深かったわけでもない。たいした経済援助も出してない。だけど平壌はなにか軍事衝突が起こったときにはモスクワが、またモスクワじゃなければ北京が守ってくれるだろうって期待してたわけですね。ところが八九年から九〇年にかけてモスクワはソウルとの関係を強め、結局ソウルと国交を樹立する。経済的にメリットのある韓国を選び、北朝鮮を切ったんです。

中国は、その前から経済路線を変えて、ソ連よりも早くから経済自由化を進めていた。八九年の天安門事件で西側から経済制裁は受けますが、自由化路線は変わりません。それに軍事的には、とくにソ連が体制転換をしたあとになるとアメリカに封じ込められることを恐れますから、西側との軍事対決なんてしたくない。こうして、北朝鮮は中国にもソ連にも守ってもらえない、経済的にも支えてもらえないところに追い込まれます。

冷戦終結のために孤立化する危機を迎えただけだったら、ベトナムも北朝鮮も同じでした。ただ、ベトナムの場合には日本やオーストラリアやＡＳＥＡＮが、言ってみれば受け皿を提供しましたから、孤立化しないで地域各国との緊張を引き下げることができた。でも北朝鮮は、ソ連も中国もあてにならないってんで、単独の防衛に走るわけです。それに拍車をかけたのが湾岸戦争でした。お父さんの方のブッシュ大統領は北朝鮮に対し強硬な脅しをかけるわけです。湾岸戦争でイラクに勝ったのをもとにして、「おまえら、イラクみたいになりたくないだろう」って。

――どこかで聞いたような科白ですよね（笑）。

藤原　そうなんです。でも北朝鮮は強硬策をやめるどころか、逆にさらに暴走を強めていってしまった。一時は進めていた経済開放路線も後退させ、軍事でいえば単独の核武装という方向を選んでいく。それが一九九三年から九四年にかけての一連の危機を招いてしまった。国内では飢餓が進む一方で、核とミサイルの開発を進めていく。この過程で日本は、基本的には日米安保を基準とした取り組みに終始した。つまり、北朝鮮に対しては妥協することよりは軍事的な圧力が大事だっていう立場ですね。

日本外交は経済外交派と親米安保優位派からなる

――あの、ベトナムは経済外交でよくやったというお話で、北朝鮮の場合は日米安保中心っていうことですが、なんか日本の外交にお湯をかけてみたり水かけてみたり。こういう違いが出てくるのはどうしてなんですか。

藤原　あ、それは大事なポイントなんでまとめておきたいんですが、日本の外交は東南アジアに対する政策と東アジアとではぜんぜん違います。

東南アジアの場合には経済外交と言われるものの実績があるんですね。日本はずっと東南アジアに経済援助を手段として各国との関係を築いてきました。始まりは第二次世界大戦後の賠償なんですけどね。

――ああ、なるほど。

藤原　賠償が日本政府が東南アジアに与える資金の始まりとなって、それがその後の借款《しゃっかん》計画につながります。開発援助をずっと送り込んでいく。それによって、日本がお金を手段として独自に展開する外交が生まれるわけです。時代からいえば大体田中政権のあと、福田政権の頃から生まれます。

――それは七〇年代半ば――。

藤原　七〇年代半ばですね、ええ。そしてこの路線はまた日本経済にとって非常に重要な東南アジアを、言ってみれば日本の市場として抱き込んでいくような政策ですから、アメリカによって行われるより、場合によってはアメリカに対抗するような要素さえ含んでいます。

――ああ、そうですね。

藤原　ええ。ベトナムの場合が典型ですよね。経済外交を中心としたグループがASEAN、ベトナムっていったところを担当していくことになります。

で、東アジアはそうじゃなくて、こっちはもっぱら安全保障優位なんですね。東南アジアの場合には経済外交を中心として政策に取り組みましたが、東アジアの場合にはむしろ軍事的な脅威に対して、日米関係をどう堅持するかっていうことの方が問題になったわけです。

もともと日本外交のなかには日米安保を中心とするセキュリティ、安全保障のグループと、それから経済援助を中心としている経済外交のグループと両方あって、力関係でいえば安保の方が強い。だけど発展途上国との関係では経済外交グループは大きな役割をもっていた。また経済外交はアメリカとの経済紛争などに関わる経済局の動きともつながっていたわけで、アメリカに対してむしろ距離をとりたがる傾向が強いです。つまらないことですけど安全保障担当の外務省の人っていうのは手帳を広げると、今年のサンクス・ギビング（感謝祭）はこの日だからとか、ちゃんとアメリカの――。

――アメリカのカレンダーで生きてるんですね（笑）。

藤原　ええ、本当に生きてる。で、ここではアメリカ政府は、ワシントンはなにを望んでいるかを事前に察知して、ただちに彼らが望むような政策をさっと遂行するのが、これが賢い外交。

――ははは。

藤原 追従と言うときついですけど、対米関係の維持がなによりも大事って立場で、それだけに経済問題ではアメリカと対立を抱えた経済外交の人たちや、ほかの官庁なら大蔵（財務）、通産（経産）省とかとはぶつかったりします。

北朝鮮九四年危機は戦争直前だった

で、東南アジアは経済外交主体、東アジアは安保主体だったわけで、北朝鮮情勢も安保と対米関係から見てました。ですから九三年から九四年にかけて、朝鮮半島の和平とか南北の会談とかっていう方向には東京はあんまり関心を払わない。その間に北朝鮮の核開発がどんどん進んで、九四年には戦争直前に陥るほど悪化します。このときにカーター元大統領が関与して戦争を回避し、アメリカのペリー国防長官も関与して、北朝鮮の核開発の断念と重油供給と軽水炉の取り引きを中心としたKEDO（朝鮮半島エネルギー開発機構）（＊7）っていうプログラムを作り上げます。クリントン政権は、北朝鮮を含む多国間の仕組みに各国を誘い込むってのが基本方針でしたけど、このときはまず中国が乗ってこない。北朝鮮がアメリカに接近するんじゃないかなんて北京は警戒してた。日本は、こんな緊張緩和の図式は、アメリカの東アジア撤退を促すんじゃないかって懸念した。ですからこのとき、アメリカが地域の安全保障を脅しじゃない形で作ろうとしたんですけれども、中国と日本がいわば足を引っ張って、うまくいかなかった。そういうときがあったんですよ。

――アメリカの方が平和的に解決しようとした時代もあった。ＫＥＤＯはいわゆる多国間枠組みですもんね。でも、九四年の危機ってそんなに軍事的緊張が高まるぐらいの危機だったんですか。

藤原　戦争の直前までいっていたと思います。ただ戦争した場合に、戦争の規模が大きすぎるものですからね、なかなか踏み切れなかったわけです。

――そこまでの危機感をもって報道されてた記憶がないんですけど……。

藤原　北朝鮮についての報道ってよくわかんなくて、たとえば拉致問題そのものは前からあるわけですけど、こんなにクローズアップされたのは最近でしょう。拉致がクローズアップされると今度は九四年危機の話なんてのはどっか飛んじゃってる形になって。

――でも軍事的に危険だったのはむしろ九四年の方なんですか。

藤原 うん、それは間違いなかったと思います。

日朝会談とその後のちぐはぐ

で、こうしてアジア外交で日本は東南アジアでは経済協力を中心とした多国間協力の図式を一応作ったのに、東アジアの方ではむしろ伝統的な力の均衡とアメリカの抑止力に依存するというふたつに割れた状態になる。こっちでは、アメリカが冷戦の枠組みから脱却しようとすると、それをもとに戻す役割を日本はしているわけです。だから二〇〇二年の日朝会談っていうのは歴史的なんですよ。それまでのような日米安保だけで動くような形じゃなくて、北朝鮮を、まあ経済援助を手段にしてですけどね、日本側に引き寄せていくっていう政策をとろうとしたことになるわけです。

——なるほど。ただ歴史的だったけれど、拉致問題のこともあって、世論では「北朝鮮恐い」説が沸騰しましたよね。九四年頃はもっとおとなしくて。

藤原 マスコミでは九四年頃は飢餓の問題が中心に報道されてました。テポドン騒ぎ(＊8)が起こるのはそのあとですけど、このときは北朝鮮の核保有が議論された。で、九八年以後は北朝鮮情勢に対するアプローチがうまくいかなくなり、オルブライト国務長官は平壌に行ったものの成果がなかった。韓国では金大中《キムデジュン》大統領の下で太陽政策が進められ、大統領の平壌訪問まで実現しますが、北朝鮮の方がまるで譲歩と言える譲歩を示さないので、太陽政策への批判が韓国のなかに高まってしまった。そしてブッシュ（子）政権は〈悪の枢軸〉に北朝鮮を加えただけで、政策目標もなにも示さない。およそそんな経過のあとでの日朝会談です。日本が初めて多国間協議に近いような状況、韓国の太陽政策を受けとめるような方向に転じたわけですが、今度はアメリカの方が足留めにまわっちゃった。アメリカにはボルトン（米国務次官・軍備管理・国際安全保障担当）っていう人がいて、この人が中心になって。

——金体制に目の敵にされた人ですね。

藤原　金正日を呼び捨てにする趣味の人。

——はい（笑）。

藤原　それで、二〇〇二年の九月から十月にかけて、北朝鮮の核開発疑惑がワシントンからリークされてくわけです。

——はい。本当は核をちゃんと開発してるんだよ、だまされんなよって。

藤原　そうそう。アメリカのなかでも北朝鮮との安定した関係を作る試みが十月頃にあったんですけどね。オーバードーファーっていう有名な学者・ジャーナリストが北朝鮮を訪問して、国務省にブリーフィングしてます。だけどワシントンはそれを無視して北朝鮮を軍事的に脅す方向を貫いた。アメリカからすれば韓国や日本がいろいろ動くのではなくて、やはりアメリカがイニシアチブを握っていたい。簡単にいえば朝鮮半島では、軍事的な緊張が高まって、軍事的な解決以外にオプションがないっていう状況になればなるほどアメリカの影響力が高まるんです。そうではなくて、緊張緩和の手段があるということになると、経済的な手段の役割が大きくなりますね。日本や韓国の役回りが大きくなる。

――うーん、うまくいかないですね。

藤原　でしょ？　その前にはもちろん南北の首脳会談があって、金大中の北朝鮮訪問を実現したりしていたわけですけれども、クリントン政権とブッシュ政権は違いますから、そういった地域の主導権は認めたくない。そしてブッシュ政権が強硬路線をとり、重油供給を止めたところ、北朝鮮は核開発を全面的に再開した。開き直っちゃったわけ。

――こっち側もこっち側で噛み合ってなくて隙を突かれた。

藤原　韓国の太陽政策にはたいして譲歩しなかった北朝鮮が、日本に対しては拉致の事実を認め、植民地支配の補償という形ではない資金協力も認めた。それまで譲らなかった北朝鮮が日本政府の要求をほぼ受け入れたわけです。それだけ経済が苦しく、またアメリカを恐れてたんでしょう。ただ、拉致の事実を認めたことで、日本の世論もマスコミもかえって硬化し、平壌との取り引きをすべて否定する方向に行った。アメリカはアメリカで、北朝鮮が核開発を再開すると、今度は北朝鮮を攻撃しないとか、体制保証の準備があるとか、急に妥協的になっちゃう。どうもアメリカ政府のなかが割れてたらしくて、パウエル国務長官の指示でケリー国務次官補が北朝鮮と接触をしようとしたんだけど、チェイニー副大統領とラムズフェルド国防長官に止められたという報道があります。交渉するか脅すのか、揺れてるわけですよ。

悪い政府は潰すべきか

――太陽政策というか経済重視・軟着陸派と、安保強硬派の間でどこの国も揺れてるってことですよね。北朝鮮の対応もめちゃくちゃですけど、こっち側も順列組み合わせが複雑なせいで足並みが揃わない。状況も変わらない。そういうことですか。

藤原　ええっと、むしろ、外交交渉で援助や重油供給などを約束しても、あるいは経済制裁などの脅しを加えても、北朝鮮が妥協する保証はない。他方で軍事的に潰そうとしてもその代償が大きすぎる、っていう状況ですよね。

――どっちのオプションもダメ。もうどうしたらいいんでしょう?

藤原 最初に言った〈正義の戦争〉の問題でいえば、北朝鮮の政府は国内の人々から自由を奪って飢餓に追いやり、国外に対しては長らく韓国を軍事的に脅し、核兵器の開発も進めてきた。これはもう、イラクと比較にならない現実の脅威です。その政府と取り引きし、関係を安定させれば、この政府はなおこれからも存続して、国内の人たちがさらに苦しみ続けるかもしれない。北朝鮮との取り引きは正義に反するってことになる。

――だから、こんな〈悪〉の政府は力ずくで討伐するしかない?

藤原 だってこんな独裁政権が続いてもいいって思いますか? その問題なんですよ。〈悪い政府〉は外から倒すべきか、倒した方がいいのか、ちょっと考えてみましょう。

北朝鮮から話がズレますが、ぼくがイラク攻撃に反対したら、おまえは、あのフセイン政権を認めるのかって強く言われて、ちょっとびっくりしました。国際政治の世界では、独裁政権と共存するのがむしろ現実だったからです。共産党の圧政の下のソ連とぼくたちは長らく一緒に生きてきましたし、またブラジルの軍事政権とかインドネシアの軍事政権は随分すさまじい抑圧をした政府ですけれども、ぼくらは一緒に生きてきた。独裁政権との共存を認めない、ブラジルやインドネシアの軍政を認めるアメリカはけしからんなんて議論は、〈リアリスト〉やタカ派じゃなくてハト派やリベラル派の議論だったわけですよ。

でもね、そこで行われている人権抑圧を批判するとしても、どのような手段でそれを取り除けばいいかっていうことがある。なによりも問題は、自分の国の防衛目的じゃなくて、外から兵隊で介入するときは、これは相手に対して最も無責任な行動になりかねない。外から軍隊を送るっていうのは外部の人間が内部の人間を殺すっていうことですから。外から政府を倒すっていう選択には、やはり慎重になるべきでしょうね。

独裁政権の下の人たちは本音を表現できない、ホントは軍隊使ってでも解放してもらいたいんだって正当化することはできます。でもそう望まれてる保証はどこにもないわけでしょう？　イラク政府を倒したら歓呼の声が聞こえるはずだって言う。歓呼の声は少し聞こえたんだけどすぐになくなっちゃいますよね。そこんとこの人がなにを望んでるかなんて、外から決めつけちゃいけない。

そして誰がなにをしていいのか明確な規制がない限り、自分たちが侵略されてもいないときの軍事行動は、単純に侵略戦争以外のなにものでもないわけです。北朝鮮に戻っていえば、軍事行動をとる場合には厖大《ぼうだい》な死者が出る可能性があり、いまの政府の下で苦しむ人たちを、今度は戦争で苦しめ、殺すことになるわけですよ。韓国が恐れているのは核保有そのものよりも、現実に戦争が起こることでしょう。ましてこの場合、韓国政府が軍事オプションに反対してる以上、その反対を押し切って戦争に踏み切るのはまず無理でしょう。外から兵隊を送って北朝鮮を解放するという方法は、問題解決どころか、さらに問題を悪化させることにしかならない。

政府は内側から倒される

――イラクの二の舞ってことですよね。あの、前に冷戦崩壊の過程を説明していただきましたけれど、たとえばあれはどのくらいアジアに応用できるんですか。東ドイツの壊れ方、ソ連の壊れ方を考えると、やっぱり外からの軍事力で壊れたわけじゃないですよね。内部崩壊じゃないですか。

藤原　そうですね。

――おっしゃったように内的必然性で壊れるんならば、たとえば北朝鮮にこちらから必然性を与えてかなきゃいけないですよね。それが冷戦崩壊っていう大きな歴史的転換がわれわれに教えてくれてることなんじゃないかな、と思うんですが。だからまあ無根拠ですけど、長くても三十年くらいで壊れるんじゃないか、とか勝手にイメージしてるんですけど。

藤原　そう、政府は内側から倒されるものだってこと、強調しておきたいと思います。ヨーロッパで社会主義国が倒れたのはアメリカや西欧諸国の圧力じゃないですよね。あれは内部崩壊でした。もちろん東欧ならソ連の支援がなくなったので変わるわけですけど、それもその状況を見た一般の民衆が「あ、じゃ、うちも出られるかも」ってんで国外に逃げてったことが大きい。一人一人はそんな東西冷戦の克服なんてこと考えてるわけじゃないですよ。東ドイツから逃げ出したかっただけ。そんな小さい行動が集まって、珊瑚が集まって珊瑚礁作っちゃうように、政権を壊しちゃったわけですよね。

そのような変化と比べますとね、中国の場合は、逆に政権を保つための経済改革をしたわけです。ソ連とは逆でしょう？　経済改革をしたから、これまでのような貧乏暮らしで抑え込まれた状態は明らかに変わった。自分の欲望を実現するために、いろんなことをできるようになるわけですね。経済開発によって正当化する独裁政権のことを開発独裁って呼ぶこともあるんですが、中国はそんな軍事政権時代のインドネシアとかタイとかと似てきたわけです。言論の自由はないし、お偉いさんはやっぱりうまい汁吸ってるんだけど、だけど一般の俺たちも生活水準が上がる、そういう状態ですね。急激な経済成長によって政治的不満をなんとか抑え込む、っていう方向。

――中国の変化というのもすごく不思議な形で進んでますよね。あれもひとつのモデルっていうか――。

藤原　やがては中国も民主政治に移行するかも知れない。それが望ましいとも思います。でも国内から変わらないから外から壊しちゃえっていう考えはとらない。政府は内部から倒れるし、またそれだからこそ新しい政府もなんとか安定するんです。

北朝鮮に戻っていえば、これから長期間、あの体制が存続するかといえば、少なくともいまはその条件はないと思う。短期間に壊れる可能性も無視できないでしょう。中国が海外渡航を全面自由化しても大量の人間が脱出するとは限りませんが、北朝鮮の場合だとあれだけ抑えつけてるのに国外に人が流れてますからね。珊瑚礁、すでにできかかってるんでしょうね。

アジア冷戦を終わらせる

結局アジアの冷戦は、米中接近だけで中途半端な終わり方をしたまま、冷戦時代に代わる制度もなにも作ってない。そこに根本的な問題があるんですよ。六者協議に加わっている国には、社会主義国も資本主義国もあるし、共産党政権もそうじゃない政府もありますよね。社会主義諸国が倒れて冷戦が終わったヨーロッパと違い、いまのアジアですと、このように体制を横断した制度作りしか、冷戦後の秩序を作る方法ってないと思うんです。

もちろん、社会主義諸国が残っている限り、安全はあり得ないと考えることもできます。しかし、ベトナム・中国・北朝鮮も含めて、各国ともにいま、資本主義国との外交交渉を拒否しようとはしていません。ですから、社会主義国は相手にしないという方法をとるのは、相手が外交交渉に応じようとはしてるのに、こちらがその機会を潰すという、きつい政策になりますね。その意味でここの問題は、相手が社会主義国であるという前提を受け入れたうえでどのように緊張を緩和できるのかっていう問題になる。それじゃ、社会主義政権の人権抑圧を認めることになるじゃないかって言う人もいるでしょう。でもこうすることで、大規模な戦争を避けることもできる。

――大悪のために小悪を捨てる、というか、まさに〈リアリズム〉外交。

藤原　ううん、それだけじゃないと思いますよ。各国の政府が変わることを否定するわけじゃない。むしろ、各国政府が変わる前に、その地域にまず平和を実現しようってことです。それはまた、ほかの国が攻めてくるかもしれないんだから非常時体制でも我慢しなさいっていう、独裁政権のよく使ってきた議論を壊すことにもなります。

——そこはやっぱりヨーロッパと違いますよね。

藤原 そう、随分違います。ヨーロッパだと、人権とか民主主義とか、価値観を共有する諸国の間のコミュニティっていう形でした。戦争の違法化とか人権尊重とか言っても、相手が自分たちの社会への脅威だって思う国や人は少ないでしょう。でもアジアの場合は、体制は右も左もあるし、民主主義国も独裁政権もあり、宗教をとってもいろいろです。それに、苦労して独立を獲得したところが多いので、国家主権を制限するような政策には警戒するところが多い。そんな状況のなかで、ある特定の概念、たとえば正義とか、人権とか、民主主義を実現することを目標にすると、かえって反発や不安定ばかり作っちゃうわけです。だから、ここで出てくるシナリオって、〈デモクラシーの平和〉といったものじゃない。共通の理念などによって支えられたものじゃなくて、むしろ最も伝統的な、安全保障を達成するための伝統的な外交交渉になるわけですね。

——国としていかに生き長らえるかという、自国の損得だけを考えた〈リアリズム〉外交ですね。一人一人がいい人になれば世界が平和になる、じゃなくて、ケンカすると損だからケンカだけはやめよう、だからって別に仲良くするわけじゃないけどさ、みたいな。

〈大国〉日本のあるべき姿

藤原　そうそう。それでもね、これが平和を作る〈リアリズム〉だと思います。それにこれは、日本がけっこう役割を果たせる場面でもあると思ってます。さっき、ベトナムとカンボジアのお話をしましたけど、そのときも日本は単独でイニシアチブなんかとってない。むしろ多国間の交渉のなかで力を発揮したわけです。

――はい。

藤原　日本が単独で、君たち、このルールに従えってアジア各国に指示してみたらどうなるか、それを考えればわかると思いますよ。つまり、誰もそんな政策には従わない。第二次大戦で攻め込んだ側という過去を負っているために、日本が単独行動をとったらアジア諸国から反発を受けてしまう。だからＡＳＥＡＮ諸国を相手にするとき、圧倒的に経済力はこちらが上なのに、チームの一員という立場に徹して外交を進めてきたんです。チームプレイヤーとして加わるということは、日本の行動がそれだけ抑制されるということですから、それならば各国は受け入れられる。日本は損するみたいだけど、そのためにかつて侵略した相手の諸国からこれだけ信用を回復し、カンボジア和平だって実現しました。

日本は大国です。大国だから、それにふさわしい強気の行動をしてもいいじゃないか、なんて思う人が出てくる。でも、大国は単独行動をとることができるほど強いからこそ、国際機構や地域機構を弱めちゃう。国際機構が安定する大きな条件は、大国がチームプレイに徹することです。ドイツが国際協調を崩さなかったから、フランスが随分無理なことを言ってきたのにEUだって続いてきた。アジアの場合は中国が歴史的に大国意識から離れることのむずかしい国ですが、その中国にチームプレイに加わってもらうという問題を抱えています。それが望ましいと思うのなら、日本もチームプレイヤーに徹しなければならない。——チームプレイってアメリカあたりに比べたら日本はずっと得意だと思うんですけど。

藤原 そうですね。そしていまの課題は、やはり北朝鮮になります。でもね、いまは拉致被害と北朝鮮の核武装に焦点が当たってるでしょう。でも、国連やサミットの議題や合意文書に拉致問題を入れてもらうだけじゃダメ。その先にどんな展望を開くのか、その構想を示さなくてはいけない。

まず北朝鮮の核開発を止めさせることがありますよね。でもそれを北朝鮮の非核化だけでとどめないで、アジア地域の非核化を射程においた核管理体制にまでもってく必要がある。いまの中国にとっても核はお荷物なんですが、国外の脅威を考えるとなくせない。北朝鮮ばかりじゃなくて中国も非核化に向かう道筋を作ることで、アメリカの核抑止に頼る必要も減るわけです。もちろん簡単じゃないけど、そんな協議に中国を誘い込むことができれば、それだけで緊張を緩和する効果もあります。また、北朝鮮が瓦解《がかい》ではなく安定した体制転換を遂げるためにも、朝鮮半島の南北協議をサポートする必要があるでしょう。南北の緊張緩和は日本の安全を図るうえでも有利な変化だと思います。

このふたつとも、北東アジア諸国の安保協議を展開する土台、制度を作ることが前提になります。国際政治の選択というと、どうしても平和を祈ることと軍隊を派遣することとの両極にいきがちになる。でもそのどちらも、実は状況を見ていない。いま必要なのは、現在の紛争や将来の紛争を招きかねない緊張のひとつひとつについて、できる限り犠牲の少ない対策を作り、その実現のために努力することでしょう。

それはまた、ともすれば国内社会向けに終始しがちだった日本の平和主義を、核などに頼る必要がない国際関係を作るっていう現実的な平和の形成につなげることができるんだ、なんて思っています。日本国内の与野党の対立だけで〈平和主義〉が終わってしまえば、やはり一国平和主義という批判を免れることはできない。問題は憲法を守ることじゃなくて、日本の置かれた地域から軍事紛争の芽をどれだけ摘みとることができるのかっていうところにあるんです。平和はお題目じゃない。必要なのは祈る平和じゃなくて、作る平和です。

＊1 **辛亥革命**（1911）半植民地化した清朝を孫文らが倒し、中華民国を建国した革命。中国のブルジョワ民主主義革命と評価されている。中国はその後、軍閥支配と日本の侵攻を経て、共産党支配へ。

＊2 **文化大革命** 1960年代半ば、新しい共産主義を目指して毛沢東が主導した思想・政治闘争。紅衛兵による伝統文化の破壊、知識人・官僚の弾圧など犠牲者は多数、中国全土は大混乱に陥った。大躍進政策の失敗後、改革派の劉少奇や鄧小平が資本主義を一部導入しようとしたことへの毛の反発とされる。

＊3 **ダマンスキー島事件** 中国では珍宝島と呼ばれるこの島は中ソ国境を流れるウスリー江にある。領有権をめぐり、凍結したウスリー江で戦闘が行われた。

＊4 **南北の赤十字会談** 1970年、朴正熙大統領が南北の文化交流、人の交流を呼びかけたのをきっかけに、南北離散家族捜しのための会談が26年ぶりで始まった。仲介役が赤十字。1973年金大中事件で北側は接触を断った。

＊5 **中越戦争** ベトナムは1978年12月にカンボジアに侵攻し、中国が支援してきたポル・ポト政権を打倒。すると翌1979年2月、中国軍は「懲罰を加える」としてベトナムに攻め込んだ。

＊6 **ASEAN地域フォーラム** アジア太平洋地域の安全保障について、定期的に情報・意見交換を行う場。1993年設置。ASEAN10ヵ国と日、米、韓、カナダ、北朝鮮、オーストラリアなどが加盟。

＊7 **KEDO** 1993年、北朝鮮はNPT脱退を宣言し、米国との関係が悪化した。1994年、米朝協議により、日米韓らが軽水炉、資金、重油を提供する見返りに北朝鮮は核開発を断念することを決めた。KEDOはこの実行機関。

＊8 **テポドン騒ぎ** 1998年8月に北朝鮮が弾道ミサイル、テポドン一号を初めて打ち上げた事件。日本政府は日朝交渉の再開見合わせ、食料援助停止などの対抗措置をとった。

あとがき

正しい戦争ってあるんだろうか。戦争をなくすなんて、無理なことだろうか。いまの世界で戦争と平和の意味を考えることが、この本の目的だ。

そんなことはわかりきってる、戦争は悪いに決まってるじゃないか。そういう人がいるだろう。平和な暮らしをおくる人々にとって、戦争は過去の不幸なできごとであり、不幸な地域を襲う運命にすぎない。平和も戦争も、遠い世界のことのように思えるだろう。

だが、戦争は決して遠い世界のできごとではない。九・一一事件のような悲惨な暴力を前にすると、敵を倒さなければ平和な暮らしを守ることもできない、なんて議論も生まれてくる。平和が正しいと漠然《ばくぜん》と思っていた人も、侵略者を退治しなければ平和は取り戻せないのではないかと言われれば、正しい平和を実現するためには正しい戦争も必要ではないか、そんな気にもなるだろう。こうして、陳腐なほど当たり前に見えた「平和」という言葉の意味が、ごく簡単に、正反対のものに変わってしまう。

およそ十年ほど前、戦争は終わったと思われた時代があった。イラクがクウェートに攻め込んだ一九九〇年の直前の一年は、米ソの核軍縮が急速に展開し、東欧諸国では民主化革命が起こり、ヨーロッパでは九三年EU統合が予定されるという時代だった。愚かな軍拡競争の時代は終わった、戦争は終わった、軍人とスパイは失業だ、というのが束の間の「常識」だった。湾岸戦争のあとの二年間で、この「常識」は逆転する。アメリカは冷戦に勝った、封じ込め政策は正しかった、というのがあらたな「常識」となり、世界各地の紛争を放置できるのか、軍事介入が正しい選択ではないかという議論が、あらゆる人によって、しかも世界各地のあらゆる戦争について行われるようになった。日本の平和論についていえば、冷戦当時よりも冷戦終結後の方が、もっと元気がなくなった。

冷戦が終わって、核戦争で世界が壊滅する危険は遠のいたはずだ。ところが、まさに世界戦争の心配が薄れた時代を迎えてから、正義の戦争とか、民主主義の拡大とか、それまでになく強気の議論が出現したのである。日本でも、海外派兵こそが国際協力であり、国際平和への貢献だ、という主張が広がってきた。こうなると、何が正しいのか、まるでわからなくなってしまう。

なぜこのような混乱が起こるのだろうか。それは、平和を作る手段が戦争を作る手段とほとんど同じであり、平和を保つのも軍隊なら戦争を作るのも軍隊だ、という、国際政治の最も基本的な逆説から生まれている。冷戦時代は、この問題はようするに核戦略の「合理性」の問題だった。核軍拡を続けながら軍縮交渉を続けるという、右手でウィスキーを勧めながら左手で胃薬を売りつけるような倒錯《とうさく》が続いたのは、権力政治の論理からみても核兵器が本当に戦争の役に立つのか、曖昧で、不合理な性格を持っていたからだ。

それでは、冷戦が終わったあとの現在の国際関係において、戦争にはどんな意味があるのだろうか。もっと踏み込んで、正しい戦争はあるのか（第1章）、核兵器が平和を支えているのか（第2章）、独裁政権を倒さなければ平和はやってこないのか（第3章）、そんなふうにイヤな質問を考えるのが、この本の目的だった。

正しい戦争も、核兵器の支える平和も、独裁者を追い出さなければ得られない平和も、随分どぎつい表現だ。でも、正直に胸に手を当てると、ホントはそうかもしれないというおびえは感じないだろうか。本書の前半は、そんなきわどい問題、目を背けたいのにトゲのように刺さってくる問題の議論にあてられている。

きつい問題をあつかった三つの章のあとで、少し歴史を遡りながら、現在の国際関係を考えてみた。第4章と第6章では冷戦の終わり方を、第5章では日本の平和論の過去と現在を議論している。最後に日本ではなくアジアの冷戦を持ってきたのには、理由がある。それは、中途半端に終わってしまったアジアの冷戦にきちんとした解決を与えない限り、アジアの平和を考えることができないと思うからだ。

この本は、渋谷陽一さんと、鈴木あかねさんなしにはあり得なかった。中高生の頃のぼくにとって、渋谷さんはロックの先生だった——ロックについてのほとんどの知識は、渋谷さんの放送から学んだようなものだ。最初にお電話をいただいたとき、シブヤヨウイチと自称する声が本人だとは信じられなかった。鈴木さんは、一橋大学とケンブリッジ大学というとびきりの大学院で国際政治を学ばれただけに、逃げ出したくなるくらいに厳しく質問するインタビュアーだった。これまでは一人で考えていても、堂々巡りを繰り返すばっかりで、文章にもなんにもならなかったことが、このお二人のおかげで、やっと文章になった。渋谷さんと鈴木さんに心から感謝します。

藤原帰一

二〇〇三年十二月

本書は、２００３年12月にロッキング・オン社から刊行された書籍の細部を修正し、新書版として復刊したものです。

藤原帰一

1956年、東京生まれ。米イエール大学大学院政治学研究科博士課程留学を経て、84年、東京大学大学院法学政治学研究科博士課程単位取得退学。東京大学社会科学研究所助教授などを経て、99年より東京大学大学院法学政治学研究科教授。2022年3月退職、現在東京大学未来ビジョン研究センター客員教授。著書に『平和のリアリズム』(岩波書店)、『国際政治』(放送大学教育振興会)、『不安定化する世界――何が終わり、何が変わったのか』(朝日新聞出版)など。

講談社+α《プラスアルファ》新書 853-1 C

「正《ただ》しい戦争《せんそう》」は本当《ほんとう》にあるのか

藤《ふじ》原《わら》帰《き》一《いち》

2022年5月18日第1刷発行

発行者―――鈴木章一

発行所―――株式会社 講談社
東京都文京区音羽2-12-21 〒112-8001
電話 編集(03)5395-3522
販売(03)5395-4415
業務(03)5395-3615

デザイン―――鈴木成一デザイン室

カバー印刷―――共同印刷株式会社

印刷―――株式会社新藤慶昌堂

製本―――株式会社国宝社

KODANSHA

定価はカバーに表示してあります。

落丁本·乱丁本は購入書店名を明記のうえ、小社業務あてにお送りください。

送料は小社負担にてお取り替えします。

なお、この本の内容についてのお問い合わせは第一事業局企画部「+α新書」あてにお願いいたします。

Printed in Japan
ISBN978-4-06-528576-3